DU CONTRAT SOCIAL

JEAN-JACQUES ROUSSEAU

DU
CONTRAT SOCIAL

Chronologie et introduction
par
Pierre Burgelin
agrégé de l'Université

GF
- FLAMMARION

CHRONOLOGIE

I - *La préparation* (1712-1742)

1712, 28 juin : Naissance à Genève de Jean-Jacques Rousseau, second fils d'Isaac Rousseau et de Suzanne Bernard. Celle-ci meurt le 7 juillet.

1712-1722 : Rousseau chez son père, qui lui fait lire des romans et surtout Plutarque.

1722-1724 : Isaac Rousseau s'installe à Nyon en 1722. Jean-Jacques et son cousin Abraham Bernard vont en pension à Bossey chez M. Lambercier.

1725 : Apprentissage chez le graveur Ducommun.

1728, 14 mars : Rousseau trouve les portes de Genève fermées. Il décide de fuir et de se faire catholique. Le 21 il rencontre Mme de Warens à Annecy. Le 21 avril il abjure à Turin.

1729-1731 : Après un an de service chez des particuliers en Italie, Rousseau va vivre chez Mme de Warens à Annecy, puis à Chambéry. Il va apprendre divers métiers et tout spécialement la musique. Voyages qui le conduisent en Suisse (1730-1731), à Paris (juin-août 1731).

Octobre 1731 - juin 1732 : Rousseau travaille au cadastre de Savoie.

1732 ou 1733 : Voyage à Besançon.

1735 ou 1736 : Premier séjour aux Charmettes (Chambéry).

Septembre 1737 : Voyage à Montpellier. Rousseau regagne Chambéry en février ou mars de l'année suivante.

1738-1739 : Aux Charmettes. Rousseau poursuit son éducation scientifique, littéraire, philosophique et compose son « magasin d'idées ».

1740-1741 : Séjour à Lyon comme précepteur des enfants de Mably.

II - *Les années parisiennes* (1742-1756)

1742 : Dès son arrivée à Paris, Rousseau présente à l'Académie des sciences son *Projet concernant de nouveaux signes pour la musique*.

1743-1744 : Relations avec les Dupin. Rousseau séjourne à Venise comme secrétaire de l'ambassadeur de France, M. de Montaigu. Il découvre la politique.

1745 : Amitié avec Diderot. Début de sa liaison avec Thérèse Levasseur. Il mettra leurs enfants aux Enfants-Trouvés.

1746 : Secrétaire de Mme Dupin, Rousseau travaille avec elle à un livre sur les femmes. Publication de l'*Essai sur l'origine des connaissances humaines* de Condillac.

1748 : Montesquieu publie *L'Esprit des lois*.

1749 : Rousseau écrit les articles sur la Musique de l'*Encyclopédie*. En octobre, sur la route de Vincennes, en allant voir Diderot emprisonné, il lit dans le *Mercure de France* le sujet du concours de l'Académie de Dijon : *Si le rétablissement des sciences et des arts a contribué à épurer les mœurs* ; il a une illumination. Buffon commence à publier son *Histoire naturelle*.

1750, 9 juillet : Le *Discours* de Rousseau sur les Sciences et les Arts est couronné. Cette attaque contre la civilisation parisienne aura un grand écho et sera l'objet de polémiques de 1750 à 1752.

1752, octobre : Le *Devin de village*, paroles et musique de Rousseau, est représenté devant Louis XV. L'auteur s'enfuit sans vouloir être présenté. En

décembre au Théâtre-Français représentation de
sa pièce : *Narcisse ou l'Amant de lui-même* pour
laquelle il écrit une préface importante.

1753, novembre : Retraite à Saint-Germain, pour
méditer sur le sujet proposé par l'Académie de
Dijon, *Quelle est l'origine de l'inégalité parmi les
hommes et si elle est autorisée par la loi naturelle.*
Son discours sur ce sujet sera le point de départ
de son œuvre politique. A la suite de sa *Lettre sur
la Musique française,* on lui refuse ses entrées à
l'Opéra (décembre).

1754 : Voyage à Genève. Rousseau réintégré dans
l'Église calviniste est admis à la communion et
recouvre ses droits de citoyen.

1755 : Publication du second *Discours* avec une dédi-
cace à la République de Genève, une préface et des
notes. Le tome V de l'*Encyclopédie* contient l'article *Economie politique.*

III - *La solitude de Montmorency* (1756-1762)

1756, 9 avril : Rousseau s'installe à l'Ermitage, chez
Mme d'Epinay. Il commence à rêver aux amours
de Saint-Preux et de Julie.

18 août : Lettre à Voltaire sur le tremblement de terre
de Lisbonne et la Providence.

1757 : Idylle avec Mme d'Houdetot. Brouille avec
Grimm, Mme d'Epinay et Diderot. En décembre,
installation au Montlouis à Montmorency.

1758 : Rousseau répond à l'article de d'Alembert
sur *Genève* paru dans le tome VII de l'*Encyclopédie* :
la *Lettre à M. d'Alembert sur les spectacles.* Pourquoi Rousseau ne veut pas du théâtre que Voltaire
et ses amis voudraient voir établir à Genève.
Rousseau achève la rédaction de *La Nouvelle
Héloïse* et commence à penser à *Emile.* Il abandonne
l'idée d'écrire ses *Institutions politiques.* Il travaille
sur les papiers de l'abbé de Saint-Pierre (1658-1743).

1759 : Voltaire publie *Candide*, que Rousseau ne lit pas. Amitié avec le maréchal et Mme de Luxembourg.

1761, janvier : Publication et succès de *La Nouvelle Héloïse*.

1762, janvier : Rousseau écrit les quatre lettres à Malesherbes, autobiographiques. *Le Contrat social* paraît en avril et *Emile* en mai.

IV - *Les années errantes* (1762-1770)

1762, 9 juin : Condamnation d'*Emile* et poursuites contre l'auteur, qui s'enfuit et se réfugie à Yverdon (14 juin), puis à Môtiers (10 juillet), dans la principauté de Neuchâtel, qui appartient au roi Frédéric de Prusse. Le 19 juin, *Emile* et *Le Contrat social* sont brûlés à Genève. Le 28 août, mandement contre *Emile* de Christophe de Beaumont, archevêque de Paris. Rousseau répond pour se défendre ; c'est la *Lettre à Christophe de Beaumont* qui paraîtra en mars de l'année suivante.

1763 : Rousseau renonce à la bourgeoisie de Genève. Son compatriote Tronchin publie les *Lettres écrites de la campagne*.

1764 : Rousseau répond à Tronchin par les *Lettres écrites de la montagne*, où il attaque la procédure utilisée contre lui et examine les institutions religieuses et civiles de Genève. Elles paraissent à la fin d'octobre. Rousseau travaille à ses *Confessions*.

1765 : Rousseau, qui pratique sa religion, se brouille avec le pasteur et les habitants de Môtiers. Après une correspondance avec Buttafoco, il écrit un *Projet de constitution pour la Corse*. Séjours, remplis d'extases, à l'île de Saint-Pierre. En octobre il est expulsé par le Petit Conseil de Berne. Il est fêté à Strasbourg (novembre) et à Paris (décembre).

1766 : Départ pour l'Angleterre avec Hume.

1767 : Rousseau, qui s'est brouillé avec Hume, repasse

en France et s'installe à la fin de juin à Trye, en
Beauvaisis, chez le prince de Conti. Son *Dictionnaire de musique* est en vente à Paris à la fin de
novembre.

1768 : Il quitte Trye au milieu de juin, passe à Lyon,
Grenoble, Chambéry et s'installe à Bourgoin dans
le Dauphiné en août. Le 30 il épouse Thérèse.

V - *Paris. Dernières années* (1770-1778)

1770 : En avril, Rousseau quitte Monquin, où il
s'était établi à la fin de janvier 1769. En juin, il
s'installe à Paris, rue Plâtrière. Il commence à
donner des lectures privées des *Confessions*.

1771 : Début de ses relations avec Bernardin de
Saint-Pierre. Rousseau achève ses *Considérations
sur le gouvernement de Pologne*, écrites à la demande
de Wielhorsky.

1773 : Rousseau écrit ses *Dialogues* commencés
l'année précédente : *Rousseau juge de Jean-Jacques*
pour défendre son œuvre et sa personne devant
la postérité.

1775 : Représentation de *Pygmalion* à la Comédie-
Française.

1776, 24 février : Rousseau ne peut déposer son
manuscrit des *Dialogues* sur l'autel de Notre-Dame.
En avril il distribue dans la rue sa circulaire *A
tout Français aimant encore la justice et la vérité*.
Composition des deux premières promenades des
Rêveries du promeneur solitaire.

1777 : Composition des cinq promenades suivantes.

1778 : Composition des dernières promenades.
Rousseau se rend le 20 mai à Ermenonville chez
M. de Girardin. Thérèse le rejoint le 26. Rousseau
meurt le 2 juillet et est enterré le 4 dans l'île des
Peupliers, qui va bientôt devenir un lieu de pèle-
rinage.

VI - *La gloire posthume*

1782 : Publication des *Œuvres* de Rousseau à Genève, par les soins d'un comité. Parmi les inédits : les textes sur l'abbé de Saint-Pierre (seuls les *extraits sur la paix perpétuelle* avaient paru en 1761). La première partie des *Confessions*, les *Dialogues* et les *Rêveries*.

1788 : Mme de Staël publie ses *Lettres sur le caractère et les écrits de J.-J. Rousseau*.

1790, juillet : Le buste de Rousseau est promené triomphalement dans Paris.

1791, juin : La rue Plâtrière prend le nom de J.-J. Rousseau.

21 décembre : L'Assemblée constituante vote l'érection d'une statue et une pension pour sa veuve.

1792 : Le Conseil général de Genève annule le décret porté contre Rousseau.

1794, 7 mai : Par décret de la Convention, le peuple français reconnaît l'existence de Dieu, les sanctions de la vie future et l'immortalité de l'âme.

26 septembre : Thérèse Levasseur offre à la Convention un manuscrit des *Confessions*.

9-11 octobre : Transfert des restes de Rousseau au Panthéon. La cérémonie est suivie de fêtes solennelles à Lyon et en diverses villes.

1795 : Kant publie son livre : *Pour la paix perpétuelle*.

1801 : Le 12 juillet, Thérèse Levasseur meurt au Plessis-Belleville, près d'Ermenonville.

INTRODUCTION

De Jean-Jacques enfant, Rousseau écrit : « Je me croyais Grec ou Romain. » Entendons qu'il s'enthousiasmait pour l'héroïsme et le civisme des héros de Plutarque. Genève lui paraissait une cité antique. Il quitte bientôt sa patrie ; en Savoie comme à Paris, il a assez à faire de se chercher lui-même. A trente et un ans, un hasard l'envoie à Venise, secrétaire de l'ambassadeur de France. Les Vénitiens ne sont pas des Spartiates. Devant les mœurs corrompues et le mauvais gouvernement, il voit, l'un des premiers sans doute aux temps modernes, que « tout tenait à la politique ». Oui, mais il y a cercle, car le gouvernement dépend des mœurs qu'il encourage. La première tâche n'est-elle pas de former de bons citoyens ? La politique suppose une bonne éducation. La pensée de Rousseau est amorcée. Le spectacle de la France confirme son diagnostic. Il rêve bientôt d'écrire des *Institutions politiques*, lit les bons auteurs tout en composant son *Discours sur l'inégalité*, puis, pour l'*Encyclopédie*, l'article *Économie politique*.

Le 9 avril 1756, il se retire à Montmorency et établit son plan de travail. D'abord résumer et commenter les travaux de l'abbé de Saint-Pierre, dont il a les papiers, sur la *Paix perpétuelle* et la *Polysynodie*, gouvernement par les conseils. Ensuite accomplir trois grands projets : achever les *Institutions politiques* entreprises en 1751, écrire une *Morale sensitive*, sur l'accord du bonheur et de la vertu, rassembler ses idées sur l'éducation. La composition inattendue de

La Nouvelle Héloïse l'ayant interrompu, il perdit le courage de travailler à ses *Institutions politiques*. Celles-ci devaient avoir deux parties, l'une sur les principes du droit politique, l'autre sur les relations entre les peuples. Il garda la première et brûla le reste. Le contenu de ses trois ouvrages prit corps dans la rédaction du traité sur l'éducation, *Émile*, dont le cinquième livre traite de politique. Mais il publie simultanément ses principes du droit politique sous le titre de *Contrat social* (1762). Comment ne pas noter qu'est maintenu le lien étroit entre la politique et l'éducation, que Rousseau trouvait déjà dans la *République* de Platon?

Pour nous, la politique est l'art d'administrer une société, d'y maintenir la paix sociale, de transformer la législation pour l'adapter aux modifications entraînées par l'histoire, de contrôler les diverses activités des hommes de telle sorte que les institutions soient justes et efficaces, de régler les relations entre l'État et les autres États. Nous parlons de politique financière, scolaire, économique, sociale. Mais nous mettons un autre accent, lorsque le mot s'applique à l'art de conquérir ou de conserver le gouvernement. Rousseau n'ignore certes pas ces problèmes. Il sait, en particulier, que la politique est, comme on l'a dit, l'art du possible; il le montre lorsqu'il raisonne sur des cas concrets : la Pologne, la Corse, Genève, ou lorsqu'il écrit l'article *Économie politique*. Il sait aussi qu'on peut concevoir une science politique qui cherche les lois qui « résultent de la nature des choses » : Montesquieu en a donné les principes dans son *Esprit des lois* (1748). Rousseau n'a pas l'ambition de refaire ce grand livre, ni même d'étudier la politique en elle-même, mais d'en déterminer le fondement, les « principes du droit politique ». Montesquieu est d'abord juriste et sociologue. Rousseau est philosophe, il se préoccupe de la nature et du bonheur de l'homme; chemin faisant, il rencontre nécessairement la politique. N'a-t-on pas défini l'homme un animal politique?

A sa manière, il reprend des problèmes autrefois soulevés par Hobbes, par les théoriciens du droit naturel, Grotius, Pufendorf, Barbeyrac. Mais ces auteurs, juge Rousseau, sont plus soucieux de justifier ce qui est, de partir des « faits » que de chercher ce qui doit être. Par exemple, Hobbes pense que chacun voulant sa sécurité, il faut un pouvoir fort qui empêche l'homme d'être un loup pour l'homme. Quant aux théoriciens du droit naturel, ils ne sont pas assez préoccupés d'analyser cette nature ; eux aussi partent des faits et Grotius, tout comme Hobbes, justifie l'ordre établi.

Or précisément cet « ordre » fait question. Pour Rousseau la politique n'est justifiée ni par la « nature », ni par l'intérêt, ni par la force, ni par le fait accompli. La politique est d'abord une morale, elle accomplit l'homme, qui est volonté, raison, conscience, sentiment et non simplement besoin et passion. Elle suppose une « science de l'homme » et celle-ci n'existe guère, car les auteurs se contentent de regarder autour d'eux et disent : tel est l'homme. Certes, mais l'homme corrompu par notre civilisation aliénante, l'Européen cosmopolite, l'homme des villes et des cours à la poursuite de ses prétendus intérêts. Il reste d'autres types humains, artisans et laboureurs dans les lieux reculés, peuples sauvages, citoyens antiques. Bref, on n'a pas cherché ce qu'est l'homme « en général », on ne s'est pas inquiété de tout ce que celui-ci pouvait devenir. On ne comprend rien à l' « utopisme » de Rousseau, si l'on oublie cet arrière-plan, ce souci d'une politique qui soit, pour l'homme, moyen de se faire, non de se corrompre. Il est bien vrai que « partout l'homme est dans les fers ». La politique est-elle l'art de les forger ou au contraire d'en libérer ? Qui sait ce que signifie la liberté ?

De cette science, Rousseau a entrepris l'ébauche dans le *Discours sur l'inégalité*, qui est l'une des clefs du *Contrat social*. Mettant entre parenthèses la société, pour mieux viser ce qui est naturel et non culturel, Rousseau imagine un « état de nature » où chacun vit seul. L'homme originel est une sorte d'animal tranquille, mû par peu de besoins, indivisé, sans contrainte et par conséquent heureux, lié au seul

présent. Mais il reste « stupide et borné ». Or, selon
sa nature, il est aussi perfectible, donc appelé à se
développer. Ici intervient la société : elle seule permet
d'acquérir la parole, la mémoire, les idées, les sentiments, la conscience morale, bref les lumières. Malheureusement, cette éducation des hommes s'est faite
au hasard, sans principes, sans réflexion, sans respect
de l'ordre naturel. Il en résulte un état où les besoins
de l'homme se multiplient, où il ne peut les satisfaire
sans autrui : il devient de plus en plus faible, de plus
en plus divisé et soucieux, de moins en moins libre.
Il vit dans un état d' « agrégation », où chacun pense
d'abord à soi, lutte afin de se faire reconnaître et
de dominer. Pour survivre on doit se faire agréer, se
soumettre ou s'imposer, donc se soucier de l'opinion
des autres. Le pire esclavage est là : il faut dissimuler
ce que nous sommes, paraître ce que nous ne sommes
pas. L'homme naturel se détruit sans s'accomplir,
un moi fictif se forme peu à peu et remplace notre
vrai moi. Chacun est double et malheureux, et finit
par s'accommoder de ses fers.

Dans cet état instable, dangereux, les puissants
eux-mêmes peuvent craindre la révolte ou la ruse des
faibles. Leur habileté y pare : séduisant l'opinion
naïve des faibles, ils les convainquent de légaliser
l'état de fait (non de le légitimer) par un faux contrat
social : nous vous accordons la sécurité, disent-ils,
pourvu que vous nous accordiez votre obéissance.
Tels sont les hommes que nous connaissons, lorsque
les lois renforcent les forts et affaiblissent les faibles.
Les uns peinent, les autres gouvernent. On nous dit
maintenant : telle est la nature. Les philosophes le
justifient avec une morale de l'intérêt qui voit le
bonheur dans la multiplication des plaisirs, sans
comprendre qu'elle plonge tout homme dans l'esclavage de ses désirs, de ses ambitions, du luxe, de la
vanité, des passions. Il n'y a nulle part ni liberté,
ni bonheur.

Rousseau dégage ainsi la mauvaise socialisation,
qui résulte d'une certaine pesanteur sociologique dont
le *Discours* décrit les étapes nécessaires, établissement

de la propriété, division des tâches, enrichissement, asservissement. Le dégât est considérable : nul n'écoute plus sa raison, mais ses sophismes, ni sa conscience, mais ses préjugés. Sans vertu, les hommes vivent dans l'insécurité, soumis à la pression des mœurs, qui président à toute éducation. Il n'en résulte pourtant pas que la socialisation soit par nature mauvaise, elle est ambiguë : indispensable pour accomplir l'homme pourvu de toutes les facultés que la nature lui octroie, elle pourrait l'aider à trouver son bonheur, mais elle le corrompt. Il suffirait de concevoir une bonne socialisation : les cités antiques montrent qu'en certaines conditions ce fut possible.

Une bonne socialisation ne peut venir que de la volonté raisonnable, consciente de ses fins et de ses moyens. Ici encore nous sommes dans un cercle, puisque l'homme n'a volonté et raison que par une société préexistante. Il faut donc un concours de circonstances exceptionnel pour que l'événement se produise. Mais cela ne doit pas nous empêcher de méditer sur les principes d'une société juste, donc fondée sur la volonté raisonnable. Or, agir librement avec un autre veut dire passer avec lui un contrat qui nous engage tous deux.

Ainsi le contrat social est l'acte de fondation d'une cité. Marquons-en l'originalité. Depuis le Moyen Age, il ne manquait pas d'auteurs pour développer l'idée d'un pacte politique. Mais ce n'était en général qu'un pacte de gouvernement, l'accord passé, par exemple, par un peuple avec une dynastie, pour lui conférer la couronne selon certaines lois fondamentales. Mais de tels actes supposent toujours un corps politique préexistant. Le contrat social selon Rousseau ne contient rien de tel : des hommes se rassemblent, comme ces aventuriers qui, dit-on, accompagnaient Romulus. Jusque-là ils vivaient dans l'anarchie où la lutte pour la vie fait la loi. Mais ils ont l'idée de justice, qui, selon Rousseau, est innée à l'homme : ils se proposent de fonder une juste société, un corps politique.

Peu importe d'ailleurs l'histoire. Au principe,

chacun vient vers tous et leur offre sa vie et ses biens dans une « aliénation totale ». S'il s'agissait d'un esclavage, ce serait impensable. Son caractère est d'être « totale » : chacun s'engage entièrement à être membre du corps politique; d'autre part elle est réciproque : tous abandonnent tout. Tout signifie leur prétendue liberté, de subsister, de tuer, de piller, de contraindre, mais aussi d'être tué, dépouillé, contraint par de plus forts. Ce qui surgit de ce contrat c'est le droit. Désormais la vie n'est plus un don précaire de la nature, mais une reconnaissance de la société, les biens ne sont plus une possession, mais une propriété. La société entière en devient le garant. L'homme perd une liberté, illimitée sans doute, mais finalement illusoire, pour une liberté réglée, mais certaine.

Tout s'organise donc autour de la notion de loi. Celle-ci est l'expression de la volonté générale. La volonté est générale quand elle est raisonnable, c'est-à-dire quand son objet est lui-même général, quand elle pose un principe valable pour toute raison. Elle est infaillible en ce sens précis qu'elle a l'infaillibilité de la raison devant l'évidence des principes. Or celle-ci est un caractère de tout homme éclairé. Donc la volonté de chacun peut être générale : je ne puis que vouloir la loi, si j'écoute ma propre raison, dans le silence des passions. Ainsi lorsque j'obéis à la loi, je suis libre, je n'obéis qu'à moi-même. Si je suis déraisonnable, et je suis souvent menacé de l'être, on me « contraindra d'être libre », d'obéir à la raison. Ainsi font nos sociétés lorsque, par exemple, elles nous contraignent à l'hygiène, non pour asservir, mais pour libérer, nous et les autres.

On doit donc distinguer la volonté générale de la volonté de tous, somme de volontés particulières sub-jectives, voire passionnelles. Par exemple, la désigna-tion à l'unanimité d'un chef n'est pas une loi : l'objet en est particulier et la raison, sortant des princi-pes pour s'engager dans la préférence du meilleur, peut errer. Aussi le vote et la décision de la majorité ne sont que des moyens commodes de présumer la

volonté générale. Que la brigue, la propagande insi-
nuante, les passions s'en mêlent, nous n'avons plus
affaire qu'à la volonté du nombre. La loi peut seulement dire que dans les cas douteux il est plus raisonnable que la minorité s'incline devant la majorité.

Alors la loi est juste, parce qu'elle s'applique à tous.
Elle ne peut opprimer, car l'oppression est toujours
le fait de quelques-uns. Elle ne peut rien ordonner
contre la liberté inaliénable de l'homme raisonnable ;
elle la limite dans la mesure où il y va de l'ordre
civique contre les intérêts particuliers d'un individu,
d'une classe, d'un parti. Mais la cité, vraiment une
dans sa volonté, doit ignorer les factions.

Le souverain est le peuple. Ici encore l'idée est
neuve : dans les anciennes doctrines du contrat, le
peuple n'est souverain qu'un instant pour abdiquer
sa liberté entre les mains de ceux que l'on appelle
habituellement souverains. Cette souveraineté, même
bafouée, reste inaliénable. Chaque homme, à la fois
membre du souverain et sujet, dit la loi et y obéit.

Les principes une fois posés, la machine doit marcher
et il faut bien localiser le pouvoir qui prend les décisions conformes à la loi, en particulier la désignation
des fonctions. Il s'appelle le magistrat. Rousseau ne
se prononce pas clairement sur les régimes politiques.
Il fait remarquer, à la suite de Montesquieu, que
leur forme dépend des circonstances. Peu nombreuse,
la magistrature est plus efficace, mais plus elle s'accroît,
moins elle devient dangereuse. Une petite cité pourrait
avoir beaucoup de magistrats et à la limite, dans la
démocratie directe, le corps politique entier. Dans
un grand État, les divergences légitimes des intérêts
sont grandes, l'efficacité implique une concentration.
Il faut trouver la juste mesure. Néanmoins la magistrature contient un risque : elle a son esprit de corps,
sa volonté générale et tend à confondre ses intérêts
avec ceux de l'État, que Rousseau préfère petit.

Nous avons vu que l'origine des cités fait difficulté,
les hommes n'étant pas encore raisonnables. Nous
tirons de l'histoire l'enseignement que les peuples
sont institués par un Législateur : Lycurgue a fait

Sparte, Numa Rome comme Moïse les Juifs. Soit dès
le commencement, soit lorsqu'une crise grave détruit
les structures, le peuple inexpert accepte la leçon d'un
sage. Un seul peut être plus clairvoyant que tous.
Il discerne les principes du juste et de l'injuste, mais
ne construit pas en l'air : il analyse la situation géogra-
phique, démographique, psychologique, comprend
ce que les hommes peuvent admettre et les moyens
de les former. Sur ce savoir, le Législateur établit
un système de lois, dont beaucoup sont arbitraires,
voire surprenantes, mais répondent à la finalité de
la cité. L'évidence de maints préceptes de Moïse ne
s'impose pas : interdiction des images, sabbat, tabous
alimentaires, règles de mariage ou de partage des biens.
Leur rôle est d'obliger constamment le peuple à se
sentir un, sous une loi, dans sa différence avec tous les
autres. Il s'attache à des habitudes qui lui donnent
une seule âme. Dans un autre style, Lycurgue le fit
à Sparte, et Rousseau tentera de les imiter, lorsque
ses amis polonais, bouleversés par l'imminence du
péril, lui demanderont conseil.

Mais il faut souligner que le Législateur n'est ni
souverain, ni magistrat. Il reste hors du peuple, il
peut être étranger. Il propose un système que le souverain fait sien. Puis il se retire. C'est donc bien un
pédagogue, qui cherche le moyen de faire des hommes,
en imposant aux enfants une discipline qui les façonne
pour devenir citoyens. C'est un médiateur entre la
justice pure et les faits, une sorte de génie universel,
qui s'impose par le prestige de son inspiration et
entreprend de « dénaturer » les hommes, ce qui
signifie : les faire sortir de leur isolement, de leur
égocentrisme spontané, les contraindre à se voir
comme éléments d'un tout, comme « unités fraction-
naires », et non absolues, soumis à la loi, c'est-à-dire
au devoir, capables de se vaincre eux-mêmes, donc
vertueux. Ajoutons que, pour que les consciences
soient bien éclairées et les habitudes ancrées, le système
des lois devrait être intangible.

Cette sorte de nationalisme, spirituel et moral, est
un des points délicats de la doctrine. Entre l'indivi-

dualisme et l'universalisme Rousseau veut le civisme. Point pour lui d'amour fraternel de l'humanité entière : on aime les Tartares qu'on ne voit pas pour se dispenser d'aimer son prochain. La bonne cité, vraiment une, originale, reste à la mesure de notre expérience, elle ne rassemble pas d'intérêts trop divergents, nous pouvons la penser, la vouloir et l'aimer. Au-delà, d'autres cités existent. Rousseau est l'adversaire du cosmopolitisme qui ruine les singularités, il dénonce l'utopie du bon abbé de Saint-Pierre sur la paix universelle. Pour lui, les cités ont peu de contacts avec les autres et vivent dans l'autarcie économique. Elles restent entre elles à l'état de nature. Encore qu'il y ait, à l'antique, des lois de l'hospitalité, point de contrat social universel. En termes bergsoniens, disons que la morale civique de Rousseau est close.

Le problème se pose à peu près de la même façon pour la religion, ferment de l'unité spirituelle. Le Vicaire savoyard enseigne que la vraie religion est naturelle, c'est-à-dire raisonnable, montrant un Dieu auteur et gardien de tout ordre, cosmique et moral, et l'immortalité de l'âme. La religion assure la conscience morale et affermit l'homme dans son devoir. La morale de l'athée est sans fondement, son adhésion au contrat social sans garantie : il ne participe pas à l'âme de la cité, il n'y a pas de place. La religion civile unifie les cœurs sans forcer les consciences, car elle n'impose rien qui ne soit raisonnable, y compris la reconnaissance du caractère sacré du contrat. Elle n'est pas intolérante. Les formes du culte ne concernent pas les consciences, elles sont affaire de gouvernement, « statutaires », dira Kant, et entrent dans le système des lois. La liberté des consciences n'aurait de sens que si coexistaient traditionnellement plusieurs religions. Mais la volonté générale ne peut aller plus loin que la religion naturelle.

Peut-être Rousseau a-t-il la nostalgie du temps où chaque cité avait ses dieux, mais il faut se poser la question du christianisme, auquel le Vicaire donnait son adhésion. En tant qu'il exprime la religion natu-

relle, rien à en dire, à la condition qu'il ne devienne
pas « fanatique », intolérant. Mais il prétend être une
religion universelle, qui ne limite pas le prochain au
concitoyen : il ne saurait donc accepter le civisme
comme principe dernier. A certains égards, le chrétien
ne peut être totalement citoyen. Dans la cité close,
dirons-nous, il représente la morale ouverte. Certes
Rousseau proclame l'universalité de la conscience
morale et le Vicaire repoussait expressément les anoma-
lies morales que tels voyageurs décrivent ici ou là.
C'est un point où la pensée de Rousseau s'embarrasse,
faute d'avoir considéré, comme Kant le lui reproche,
un statut du genre humain.

C'est un aspect important de son attitude. S'il met
quelque réticence à voir dans la famille le modèle de
la société politique, les deux institutions sont pourtant
pensées en connexion. Le mariage est une décision,
un contrat social particulier entre deux personnes,
et la famille, dès que les enfants sont raisonnables,
cesse d'être naturelle pour devenir contractuelle. En
ce sens, on pourrait voir dans la cité une grande
famille, où l'éducation est publique, donc collective.
Comme toute famille, elle ne saurait être illimitée sans
dissiper la force de sentiment qui unit ses membres.

Nous avons deux versions du *Contrat social*. La
première, qui ne fut publiée qu'à la fin du XIXe siècle,
semble avoir été rédigée vers 1758. Elles n'offrent pas
de différences doctrinales importantes. Rousseau a
remanié l'ordre des deux premières parties pour les
rendre plus cohérentes. La première s'ouvrait sur
la société générale du genre humain (chap. II), qui
faisait le lien entre le *Discours* et le *Contrat social*.
Ce chapitre supprimé fait place dans la version
définitive à une polémique contre les doctrines adverses.
La question de la souveraineté est rejetée au second
livre. Rousseau refait le chapitre de la *religion civile*
qui était trop polémique dans la première version.
Il achève le troisième livre ébauché et, fidèle à ses
premières amours, introduit dans un quatrième des
chapitres sur la « police » romaine, pour montrer

comment fonctionne « un Conseil de deux cent mille hommes ».

Le livre, interdit en France, condamné à Genève, se diffusa lentement. On le jugea difficile. L'approche de la Révolution le fit lire : on en parla beaucoup, on s'en inspira parfois, par exemple Robespierre et Saint-Just. Pour des hommes aux prises avec l'action politique urgente, il restait un peu loin des faits. Il faut surtout souligner le culte extraordinaire rendu à Jean-Jacques après sa mort. Il transforma l'auteur du *Contrat social* en mythe et en symbole exaltant de la reconstruction politique. Sa statue à Paris, son transfert au Panthéon, le décret du 7 mai 1794 instituant les dogmes de la religion du Vicaire savoyard en sont les sommets. Lié ainsi à la Révolution, son œuvre participa aux jugements et aux sentiments contradictoires suscités par ce tournant de notre histoire. Jusque vers 1830, Rousseau reste actuel. Il éveillera les passions jusqu'à l'aube de notre siècle. Cependant, en Allemagne, Kant, Fichte, Hegel en faisaient un classique de la philosophie.

Il pouvait être qualifié d'utopiste, parce qu'il se tient au niveau des principes, dans l'abstrait. Il construit, dit-il, la machine, à d'autres de la faire marcher. Deux traditions inverses se sont établies : les uns lisent dans le *Contrat* l'apologie de la démocratie directe, de la bonté du peuple. D'autres y comprennent l'anticipation de ce que nous appelons régimes totalitaires. On isole et « monte » facilement des textes. Pourtant ces deux séries de conséquences qu'on en tire négligent, à notre sens, ce fait que pour Rousseau l'autorité n'est ni le peuple, dans sa réalité, ni le pouvoir politique, mais la raison éclairée par la conscience. Souverain en droit, le peuple en est digne s'il porte en lui la volonté générale, non ses passions ou ses préjugés, même si l'on peut admettre que les passions et les préjugés s'annulant par leur opposition, il y a plus de chance pour qu'une majorité exprime la volonté générale. Quant au gouvernement, il ne s'exerce légitimement que dans les limites d'une loi qu'il ne fait pas, et le Législateur inspiré reste sans pouvoir. Ainsi le héros messianique que notre temps a connu, avec l'appareil de sa police et l'exploitation de sa propagande savante, est sans rapport avec la doctrine humaniste du *Contrat*. Il s'appelle proprement le tyran. Certes Rousseau sait les hommes mal élevés, peu éclairés, souvent pervertis au point d'ignorer leur conscience, baptisée préjugé, subordonnant leur jugement aux passions. Jamais il n'envisage, à la manière de Machiavel, qu'on puisse les exploiter. Mais surtout nous revenons à l'essentiel, au thème qui donne sa vraie, et toujours actuelle, signification politique, à Rousseau.

La politique implique d'abord l'éducation du citoyen. Seuls des hommes éclairés ne se laisseront pas duper par d'insidieuses propagandes, ils auront pour unique passion l'amour de la patrie, seuls ils pourront établir une société juste. Tant que nous serons incapables de cet effort, nous resterons des esclaves. En moraliste et en philosophe, Rousseau annonce que les hommes sont responsables de la société qu'ils font, quelque excuse sociologique qu'ils puissent trouver. Le contrat social n'a pas d'intérêt historique, il est la condition implicite de tout jugement politique. La cité n'existe qu'en vue du bien de l'homme, c'est-à-dire son accomplissement comme volonté éclairée. Les situations démographiques, économiques ou autres étant ce qu'elles sont, nous n'avons pas à nous abandonner à un destin qui ferait des hommes de simples objets, mais à nous référer aux fins de la cité, déterminées par le contrat. Nous ne nous laisserons plus séduire ni par les démagogues, les hommes des passions, ni par les technocrates, les hommes du destin. C'était la leçon de Platon que, dans l'État bien institué, les philosophes seraient rois et les rois philosophes, c'est-à-dire aussi éducateurs. Il suffit au reste de rappeler aux hommes que s'aimer soi-même, cette indication de la nature, c'est se vouloir vraiment libres, c'est-à-dire sages.

Rousseau est suffisamment sceptique sur ses contemporains, voire un jour sur ses compatriotes, pour ne pas envisager la décadence des institutions et des

mœurs. C'est pourquoi il s'est persuadé que la zone
d'action de 'homme de bonne volonté ne pouvait
guère maintenant s'étendre au-delà de la famille et
son traité d'éducation se limite à ce domaine : peut-
être des parents peuvent-ils encore élever leurs enfants
selon la nature, ce qui signifie raisonnablement. Mais
il inscrit le *Contrat social* dans l'*Émile*. Son élève
n'ignore pas les échecs et les déboires, l'ambition du
maître est que le vrai homme finira toujours par
s'imposer à ceux qui ne sont plus qu'esclaves. Multi-
plions les Émiles et le jour viendra peut-être où
l'aventure de la cité antique pourra recommencer
sous une forme nouvelle.

Pierre BURGELIN

N. B. *Notre édition reproduit le texte de l'édition
originale in-8 de 1762. Les notes appelées par des
astérisques sont de Jean-Jacques Rousseau.*

BIBLIOGRAPHIE

P.-M. MASSON, *La Religion de J.-J. Rousseau*, Hachette, 1916.

R. DERATHE, *Le Rationalisme de J.-J. Rousseau*, P. U. F., 1948.

R. DERATHE, *J.-J. Rousseau et la science politique de son temps*, P. U. F., 1950.

P. BURGELIN, *La Philosophie de l'existence de J.-J. Rousseau*, P. U. F., 1952.

J. STAROBINSKI, *J.-J. Rousseau, la transparence et l'obstacle*, Plon, 1957.

Ch. GUYOT, *Rousseau par lui-même*, le Seuil, 1961.

M. RAYMOND, *J.-J. Rousseau, la quête de soi et la rêverie*, Corti, 1962.

ANNALES DE LA Société J.-J. ROUSSEAU, t. XXXV, *Entretiens sur J.-J. Rousseau*, Genève, A. Jullien, 1963.

Études sur Le Contrat social *de J.-J. Rousseau*, les Belles-Lettres, 1964.

J.-J. Rousseau et son temps, Problèmes et recherches, Klincksieck, 1964.

Rousseau et la Philosophie politique, P. U. F., 1965.

DU
CONTRAT SOCIAL
OU
PRINCIPES
DU
DROIT POLITIQUE

PAR J.-J. ROUSSEAU,
citoyen de Genève

— foederis aequas
Dicamus leges.

ÉNÉIDE XI

AVERTISSEMENT

Ce petit traité est extrait d'un ouvrage plus étendu, entrepris autrefois sans avoir consulté mes forces, et abandonné depuis longtemps. Des divers morceaux qu'on pouvait tirer de ce qui était fait, celui-ci est le plus considérable, et m'a paru le moins indigne d'être offert au public. Le reste n'est déjà plus.

LIVRE PREMIER

Je veux chercher si dans l'ordre civil il peut y avoir quelque règle d'administration légitime et sûre, en prenant les hommes tels qu'ils sont, et les lois telles qu'elles peuvent être. Je tâcherai d'allier toujours dans cette recherche ce que le droit permet avec ce que l'intérêt prescrit, afin que la justice et l'utilité ne se trouvent point divisées.

J'entre en matière sans prouver l'importance de mon sujet. On me demandera si je suis prince ou législateur pour écrire sur la Politique? Je réponds que non, et que c'est pour cela que j'écris sur la Politique. Si j'étais prince ou législateur, je ne perdrais pas mon temps à dire ce qu'il faut faire; je le ferais, ou je me tairais.

Né citoyen d'un État libre, et membre du souverain, quelque faible influence que puisse avoir ma voix dans les affaires publiques, le droit d'y voter suffit pour m'imposer le devoir de m'en instruire. Heureux, toutes les fois que je médite sur les gouvernements, de trouver toujours dans mes recherches de nouvelles raisons d'aimer celui de mon pays!

CHAPITRE PREMIER

SUJET DE CE PREMIER LIVRE

L'homme est né libre, et partout il est dans les fers. Tel se croit le maître des autres, qui ne laisse pas d'être plus esclave qu'eux. Comment ce changement s'est-il fait? Je l'ignore. Qu'est-ce qui peut le rendre légitime? Je crois pouvoir résoudre cette question.

Si je ne considérais que la force, et l'effet qui en dérive, je dirais : Tant qu'un peuple est contraint d'obéir et qu'il obéit, il fait bien; sitôt qu'il peut secouer le joug et qu'il le secoue, il fait encore mieux; car, recouvrant sa liberté par le même droit qui la lui a ravie, ou il est fondé à la reprendre, ou l'on ne l'était point à la lui ôter. Mais l'ordre social est un droit sacré, qui sert de base à tous les autres. Cependant ce droit ne vient point de la nature; il est donc fondé sur des conventions. Il s'agit de savoir quelles sont ces conventions. Avant d'en venir là je dois établir ce que je viens d'avancer.

CHAPITRE II

DES PREMIÈRES SOCIÉTÉS

La plus ancienne de toutes les sociétés et la seule naturelle est celle de la famille. Encore les enfants ne restent-ils liés au père qu'aussi longtemps qu'ils ont besoin de lui pour se conserver. Sitôt que ce besoin cesse, le lien naturel se dissout. Les enfants, exempts de l'obéissance qu'ils devaient au père, le père exempt des soins qu'il devait aux enfants, rentrent tous également dans l'indépendance. S'ils continuent de rester unis ce n'est plus naturellement, c'est volontairement, et la famille elle-même ne se maintient que par convention.

Cette liberté commune est une conséquence de la nature de l'homme. Sa première loi est de veiller à sa propre conservation, ses premiers soins sont ceux qu'il se doit à lui-même, et, sitôt qu'il est en âge de raison, lui seul étant juge des moyens propres à se conserver devient par là son propre maître.

La famille est donc si l'on veut le premier modèle des sociétés politiques; le chef est l'image du père, le peuple est l'image des enfants, et tous étant nés égaux et libres n'aliènent leur liberté que pour leur utilité. Toute la différence est que dans la famille l'amour du père pour ses enfants le paye des soins qu'il leur rend, et que dans l'État le plaisir de commander supplée à cet amour que le chef n'a pas pour ses peuples.

Grotius nie que tout pouvoir humain soit établi en faveur de ceux qui sont gouvernés : Il cite l'esclavage en exemple. Sa plus constante manière de raisonner est d'établir toujours le droit par le fait*. On pourrait employer une méthode plus conséquente, mais non pas plus favorable aux tyrans.

Il est donc douteux, selon Grotius, si le genre humain appartient à une centaine d'hommes, ou si cette centaine d'hommes appartient au genre humain, et il paraît dans tout son livre pencher pour le premier avis : c'est aussi le sentiment de Hobbes. Ainsi voilà l'espèce humaine divisée en troupeaux de bétail, dont chacun a son chef, qui le garde pour le dévorer.

---

* « Les savantes recherches sur le droit public ne sont souvent que l'histoire des anciens abus, et on s'est entêté mal à propos quand on s'est donné la peine de les trop étudier. » *Traité manuscrit des intérêts de la Fr. avec ses voisins; par M. L. M. d'A.* [*dans l'éd. de 1782 la référence est donnée de la façon suivante :* « *Traité des intérêts de la Fr. avec ses voisins, par M. le Marquis d'Argenson* (imprimé chez Rey à Amsterdam) ».] Voilà précisément ce qu'a fait Grotius.

Comme un pâtre est d'une nature supérieure à celle de son troupeau, les pasteurs d'hommes, qui sont leurs chefs, sont aussi d'une nature supérieure à celle de leurs peuples. Ainsi raisonnait, au rapport de Philon, l'empereur Caligula; concluant assez bien de cette analogie que les rois étaient des dieux, ou que les peuples étaient des bêtes.

Le raisonnement de ce Caligula revient à celui d'Hobbes et de Grotius. Aristote avant eux tous avait dit aussi que les hommes ne sont point naturellement égaux, mais que les uns naissent pour l'esclavage et les autres pour la domination.

Aristote avait raison, mais il prenait l'effet pour la cause. Tout homme né dans l'esclavage naît pour l'esclavage, rien n'est plus certain. Les esclaves perdent tout dans leurs fers, jusqu'au désir d'en sortir; ils aiment leur servitude comme les compagnons d'Ulysse aimaient leur abrutissement*. S'il y a donc des esclaves par nature, c'est parce qu'il y a eu des esclaves contre nature. La force a fait les premiers esclaves, leur lâcheté les a perpétués.

Je n'ai rien dit du roi Adam, ni de l'empereur Noé père de trois grands monarques qui se partagèrent l'univers, comme firent les enfants de Saturne, qu'on a cru reconnaître en eux. J'espère qu'on me saura gré de cette modération; car, descendant directement de l'un de ces princes, et peut-être de la branche aînée, que sais-je si par la vérification des titres je ne me trouverais point le légitime roi du genre humain? Quoi qu'il en soit, on ne peut disconvenir qu'Adam n'ait été souverain du monde comme Robinson de son île, tant qu'il en fut le seul habitant; et ce qu'il y avait de commode dans cet empire était que le monarque assuré sur son trône n'avait à craindre ni rébellions ni guerres ni conspirateurs.

---

*   Voyez un petit traité de Plutarque intitulé : *Que les bêtes usent de la raison.*

CHAPITRE III

DU DROIT DU PLUS FORT

Le plus fort n'est jamais assez fort pour être toujours le maître, s'il ne transforme sa force en droit et l'obéissance en devoir. De là le droit du plus fort; droit pris ironiquement en apparence, et réellement établi en principe : Mais ne nous expliquera-t-on jamais ce mot? La force est une puissance physique; je ne vois point quelle moralité peut résulter de ses effets. Céder à la force est un acte de nécessité, non de volonté; c'est tout au plus un acte de prudence. En quel sens pourra-ce être un devoir?

Supposons un moment ce prétendu droit. Je dis qu'il n'en résulte qu'un galimatias inexplicable. Car sitôt que c'est la force qui fait le droit, l'effet change avec la cause; toute force qui surmonte la première succède à son droit. Sitôt qu'on peut désobéir impunément on le peut légitimement, et puisque le plus fort a toujours raison, il ne s'agit que de faire en sorte qu'on soit le plus fort. Or qu'est-ce qu'un droit qui périt quand la force cesse? S'il faut obéir par force on n'a pas besoin d'obéir par devoir, et si l'on n'est plus forcé d'obéir on n'y est plus obligé. On voit donc que ce mot de droit n'ajoute rien à la force; il ne signifie ici rien du tout.

Obéissez aux puissances. Si cela veut dire, cédez à la force, le précepte est bon, mais superflu, je réponds qu'il ne sera jamais violé. Toute puissance vient de Dieu, je l'avoue; mais toute maladie en vient aussi. Est-ce à dire qu'il soit défendu d'appeler le médecin? Qu'un brigand me surprenne au coin d'un bois : non seulement il faut par force donner la bourse, mais quand je pourrais la soustraire suis-je en conscience obligé de la donner? car enfin le pistolet qu'il tient est aussi une puissance.

Convenons donc que force ne fait pas droit, et qu'on n'est obligé d'obéir qu'aux puissances légitimes. Ainsi ma question primitive revient toujours.

CHAPITRE IV

DE L'ESCLAVAGE

Puisque aucun homme n'a une autorité naturelle sur son semblable, et puisque la force ne produit aucun droit, restent donc les conventions pour base de toute autorité légitime parmi les hommes.

Si un particulier, dit Grotius, peut aliéner sa liberté et se rendre esclave d'un maître, pourquoi tout un peuple ne pourrait-il pas aliéner la sienne et se rendre sujet d'un roi? Il y a là bien des mots équivoques qui auraient besoin d'explication, mais tenons-nous-en à celui d'*aliéner*. Aliéner c'est donner ou vendre. Or un homme qui se fait esclave d'un autre ne se donne pas, il se vend, tout au moins pour sa subsistance : mais un peuple pour quoi se vend-il? Bien loin qu'un roi fournisse à ses sujets leur subsistance il ne tire la sienne que d'eux, et selon Rabelais un roi ne vit pas de peu. Les sujets donnent donc leur personne à condition qu'on prendra aussi leur bien? Je ne vois pas ce qu'il leur reste à conserver.

On dira que le despote assure à ses sujets la tranquillité civile. Soit; mais qu'y gagnent-ils, si les guerres que son ambition leur attire, si son insatiable avidité, si les vexations de son ministère les désolent plus que ne feraient leurs dissensions? Qu'y gagnent-ils, si cette tranquillité même est une de leurs misères? On vit tranquille aussi dans les cachots; en est-ce assez pour s'y trouver bien? Les Grecs enfermés dans l'antre du Cyclope y vivaient tranquilles, en attendant que leur tour vînt d'être dévorés.

Dire qu'un homme se donne gratuitement, c'est dire une chose absurde et inconcevable; un tel acte est illégitime et nul, par cela seul que celui qui le fait n'est pas dans son bon sens. Dire la même chose de tout un peuple, c'est supposer un peuple de fous : la folie ne fait pas droit.

Quand chacun pourrait s'aliéner lui-même, il ne peut aliéner ses enfants; ils naissent hommes et libres; leur liberté leur appartient, nul n'a droit d'en disposer qu'eux. Avant qu'ils soient en âge de raison le père peut en leur nom stipuler des conditions pour leur conservation, pour leur bien-être; mais non les donner irrévocablement et sans condition; car un tel don est contraire aux fins de la nature et passe les droits de la paternité. Il faudrait donc pour qu'un gouvernement arbitraire fut légitime qu'à chaque génération le peuple fût le maître de l'admettre ou de le rejeter : mais alors ce gouvernement ne serait plus arbitraire.

Renoncer à sa liberté c'est renoncer à sa qualité d'homme, aux droits de l'humanité, même à ses devoirs. Il n'y a nul dédommagement possible pour quiconque renonce à tout. Une telle renonciation est incompatible avec la nature de l'homme, et c'est ôter toute moralité à ses actions que d'ôter toute liberté à sa volonté. Enfin c'est une convention vaine et contradictoire de stipuler d'une part une autorité absolue et de l'autre une obéissance sans bornes. N'est-il pas clair qu'on n'est engagé à rien envers celui dont on a droit de tout exiger, et cette seule condition, sans équivalent, sans échange n'entraîne-t-elle pas la nullité de l'acte? Car quel droit mon esclave aurait-il contre moi, puisque tout ce qu'il a m'appartient, et que son droit étant le mien, ce droit de moi contre moi-même est un mot qui n'a aucun sens?

Grotius et les autres tirent de la guerre une autre origine du prétendu droit d'esclavage. Le vainqueur ayant, selon eux, le droit de tuer le vaincu, celui-ci peut racheter sa vie aux dépens de sa liberté; convention d'autant plus légitime qu'elle tourne au profit de tous deux.

Mais il est clair que ce prétendu droit de tuer les vaincus ne résulte en aucune manière de l'état de guerre. Par cela seul que les hommes vivant dans leur primitive indépendance n'ont point entre eux de rapport assez constant pour constituer ni l'état de paix ni l'état de guerre, ils ne sont point naturellement ennemis. C'est le rapport des choses et non des hommes qui constitue la guerre, et l'état de guerre ne pouvant naître des simples relations personnelles, mais seulement des relations réelles, la guerre privée ou d'homme à homme ne peut exister, ni dans l'état de nature où il n'y a point de propriété constante, ni dans l'état social où tout est sous l'autorité des lois.

Les combats particuliers, les duels, les rencontres sont des actes qui ne constituent point un état; et à l'égard des guerres privées, autorisées par les établissements de Louis IX roi de France et suspendues par la paix de Dieu, ce sont des abus du gouvernement féodal, système absurde s'il en fut jamais, contraire aux principes du droit naturel, et à toute bonne politie.

La guerre n'est donc point une relation d'homme à homme, mais une relation d'État à État, dans laquelle les particuliers ne sont ennemis qu'accidentellement, non point comme hommes ni même comme citoyens[1], mais comme soldats; non point comme membres de la patrie, mais comme ses défenseurs. Enfin chaque État ne peut avoir pour ennemis que d'autres États et non pas des hommes, attendu qu'entre choses de diverses natures on ne peut fixer aucun vrai rapport.

Ce principe est même conforme aux maximes établies

---

1 Note ajoutée dans l'édition de 1782 : « *Les Romains qui ont* [mieux] *entendu et plus respecté le droit de la guerre qu'aucune nation du monde portaient si loin le scrupule à cet égard qu'il n'était pas permis à un citoyen de servir comme volontaire sans s'être engagé expressément contre l'ennemi et nommément contre tel ennemi. Une légion où Caton le fils faisait ses premières armes sous Popilius ayant été réformée, Caton le Père écrivit à Popilius que s'il voulait bien que son fils continuât de servir sous lui il fallait lui faire prêter un nouveau serment militaire, parce que le premier étant annulé il ne pouvait plus porter les armes contre l'ennemi. Et le même Caton écrivit à son fils de se bien garder de se présenter au combat qu'il n'eût prêté ce nouveau serment. Je sais qu'on pourra m'opposer le siège de Clusium et d'autres faits particuliers mais moi je cite des lois, des usages. Les Romains sont ceux qui ont le moins souvent transgressé leurs lois et ils sont les seuls qui en aient eu d'aussi belles.* »

de tous les temps et à la pratique constante de tous les
peuples policés. Les déclarations de guerre sont moins
des avertissements aux puissances qu'à leurs sujets.
L'étranger, soit roi, soit particulier, soit peuple, qui
vole, tue ou détient les sujets sans déclarer la guerre au
prince, n'est pas un ennemi, c'est un brigand. Même
en pleine guerre un prince juste s'empare bien en
pays ennemi de tout ce qui appartient au public, mais
il respecte la personne et les biens des particuliers; il
respecte des droits sur lesquels sont fondés les siens. La
fin de la guerre étant la destruction de l'État ennemi,
on a droit d'en tuer les défenseurs tant qu'ils ont les
armes à la main; mais sitôt qu'ils les posent et se
rendent, cessant d'être ennemis ou instruments de
l'ennemi, ils redeviennent simplement hommes et
l'on n'a plus de droit sur leur vie. Quelquefois on
peut tuer l'État sans tuer un seul de ses membres : or
la guerre ne donne aucun droit qui ne soit nécessaire à
sa fin. Ces principes ne sont pas ceux de Grotius; ils ne
sont pas fondés sur des autorités de poètes, mais ils
dérivent de la nature des choses, et sont fondés sur la
raison.

A l'égard du droit de conquête, il n'a d'autre fondement que la loi du plus fort. Si la guerre ne donne point
au vainqueur le droit de massacrer les peuples vaincus,
ce droit qu'il n'a pas ne peut fonder celui de les asservir.
On n'a le droit de tuer l'ennemi que quand on ne peut
le faire esclave; le droit de le faire esclave ne vient donc
pas du droit de le tuer : c'est donc un échange inique de
lui faire acheter au prix de sa liberté sa vie sur laquelle
on n'a aucun droit. En établissant le droit de vie et de
mort sur le droit d'esclavage, et le droit d'esclavage sur
le droit de vie et de mort, n'est-il pas clair qu'on tombe
dans le cercle vicieux?

En supposant même ce terrible droit de tout tuer, je
dis qu'un esclave fait à la guerre ou un peuple conquis
n'est tenu à rien du tout envers son maître, qu'à lui
obéir autant qu'il y est forcé. En prenant un équivalent
à sa vie le vainqueur ne lui en a point fait grâce : au
lieu de le tuer sans fruit il l'a tué utilement. Loin donc
qu'il ait acquis sur lui nulle autorité jointe à la force,

l'état de guerre subsiste entre eux comme auparavant, leur relation même en est l'effet, et l'usage du droit de la guerre ne suppose aucun traité de paix. Ils ont fait une convention; soit : mais cette convention, loin de détruire l'état de guerre, en suppose la continuité.

Ainsi, de quelque sens qu'on envisage les choses, le droit d'esclave est nul, non seulement parce qu'il est illégitime, mais parce qu'il est absurde et ne signifie rien. Ces mots, *esclavage* et *droit*, sont contradictoires; ils s'excluent mutuellement. Soit d'un homme à un homme, soit d'un homme à un peuple, ce discours sera toujours également insensé. *Je fais avec toi une convention toute à ta charge et toute à mon profit, que j'observerai tant qu'il me plaira, et que tu observeras tant qu'il me plaira.*

CHAPITRE V

QU'IL FAUT TOUJOURS REMONTER
A UNE PREMIÈRE CONVENTION

Quand j'accorderais tout ce que j'ai réfuté jusqu'ici, les fauteurs du despotisme n'en seraient pas plus avancés. Il y aura toujours une grande différence entre soumettre une multitude et régir une société. Que des hommes épars soient successivement asservis à un seul, en quelque nombre qu'ils puissent être, je ne vois là qu'un maître et des esclaves, je n'y vois point un peuple et son chef; c'est si l'on veut une agrégation, mais non pas une association; il n'y a là ni bien public ni corps politique. Cet homme, eût-il asservi la moitié du monde, n'est toujours qu'un particulier; son intérêt, séparé de celui des autres, n'est toujours qu'un intérêt privé. Si ce même homme vient à périr, son empire après lui reste épars et sans liaison, comme un chêne se dissout et tombe en un tas de cendres, après que le feu l'a consumé.

Un peuple, dit Grotius, peut se donner à un roi.

Selon Grotius un peuple est donc un peuple avant de se donner à un roi. Ce don même est un acte civil, il suppose une délibération publique. Avant donc que d'examiner l'acte par lequel un peuple élit un roi, il serait bon d'examiner l'acte par lequel un peuple est un peuple. Car cet acte étant nécessairement antérieur à l'autre est le vrai fondement de la société.

En effet, s'il n'y avait point de convention antérieure, où serait, à moins que l'élection ne fût unanime, l'obligation pour le petit nombre de se soumettre au choix du grand, et d'où cent qui veulent un maître ont-ils le droit de voter pour dix qui n'en veulent point? La loi de la pluralité des suffrages est elle-même un établissement de convention, et suppose au moins une fois l'unanimité.

CHAPITRE VI

DU PACTE SOCIAL

Je suppose les hommes parvenus à ce point où les obstacles qui nuisent à leur conservation dans l'état de nature l'emportent par leur résistance sur les forces que chaque individu peut employer pour se maintenir dans cet état. Alors cet état primitif ne peut plus subsister, et le genre humain périrait s'il ne changeait sa manière d'être.

Or comme les hommes ne peuvent engendrer de nouvelles forces, mais seulement unir et diriger celles qui existent, ils n'ont plus d'autre moyen pour se conserver que de former par agrégation une somme de forces qui puisse l'emporter sur la résistance, de les mettre en jeu par un seul mobile et de les faire agir de concert.

Cette somme de forces ne peut naître que du concours de plusieurs : mais la force et la liberté de chaque homme étant les premiers instruments de sa conservation, comment les engagera-t-il sans se nuire, et sans

négliger les soins qu'il se doit ? Cette difficulté ramenée
à mon sujet peut s'énoncer en ces termes :

« Trouver une forme d'association qui défende et
« protège de toute la force commune la personne et les
« biens de chaque associé, et par laquelle chacun
« s'unissant à tous n'obéisse pourtant qu'à lui-même
« et reste aussi libre qu'auparavant. » Tel est le
problème fondamental dont le contrat social donne la
solution.

Les clauses de ce contrat sont tellement déterminées
par la nature de l'acte que la moindre modification les
rendrait vaines et de nul effet ; en sorte que, bien qu'elles
n'aient peut-être jamais été formellement énoncées,
elles sont partout les mêmes, partout tacitement
admises et reconnues ; jusqu'à ce que, le pacte social
étant violé, chacun rentre alors dans ses premiers
droits et reprenne sa liberté naturelle, en perdant la
liberté conventionnelle pour laquelle il y renonça.

Ces clauses bien entendues se réduisent toutes à une
seule, savoir l'aliénation totale de chaque associé avec
tous ses droits à toute la communauté. Car, premièrement, chacun se donnant tout entier, la condition est
égale pour tous, et la condition étant égale pour tous,
nul n'a intérêt de la rendre onéreuse aux autres.

De plus, l'aliénation se faisant sans réserve, l'union
est aussi parfaite qu'elle ne peut l'être et nul associé n'a
plus rien à réclamer : car s'il restait quelques droits
aux particuliers, comme il n'y aurait aucun supérieur
commun qui pût prononcer entre eux et le public,
chacun étant en quelque point son propre juge préten-
drait bientôt l'être en tous, l'état de nature subsisterait
et l'association deviendrait nécessairement tyrannique
ou vaine.

Enfin chacun se donnant à tous ne se donne à personne, et comme il n'y a pas un associé sur lequel on
n'acquière le même droit qu'on lui cède sur soi, on
gagne l'équivalent de tout ce qu'on perd, et plus de
force pour conserver ce qu'on a.

Si donc on écarte du pacte social ce qui n'est pas de
son essence, on trouvera qu'il se réduit aux termes
suivants : *Chacun de nous met en commun sa personne*

*et toute sa puissance sous la suprême direction de la
volonté générale ; et nous recevons en corps chaque
membre comme partie indivisible du tout.*

A l'instant, au lieu de la personne particulière de
chaque contractant, cet acte d'association produit un
corps moral et collectif composé d'autant de membres
que l'assemblée a de voix, lequel reçoit de ce même
acte son unité, son *moi* commun, sa vie et sa volonté.
Cette personne publique qui se forme ainsi par l'union
de toutes les autres prenait autrefois le nom de *Cité**,
et prend maintenant celui de *République* ou de *corps
politique*, lequel est appelé par ses membres *État* quand
il est passif, *Souverain* quand il est actif, *Puissance* en
le comparant à ses semblables. A l'égard des associés
ils prennent collectivement le nom de *Peuple*, et
s'appellent en particulier *citoyens* comme participants
à l'autorité souveraine, et *sujets* comme soumis aux
lois de l'État. Mais ces termes se confondent souvent
et se prennent l'un pour l'autre; il suffit de les savoir
distinguer quand ils sont employés dans toute leur
précision.

---

*   Le vrai sens de ce mot s'est presque entièrement effacé chez
les modernes; la plupart prennent une ville pour une cité et un
bourgeois pour un citoyen. Ils ne savent pas que les maisons font
la ville mais que les citoyens font la cité. Cette même erreur
coûta cher autrefois aux Carthaginois. Je n'ai pas lu que le titre
de *cives* ait jamais été donné aux sujets d'aucun prince, pas même
anciennement aux Macédoniens, ni de nos jours aux Anglais,
quoique plus près de la liberté que tous les autres. Les seuls
Français prennent tout familièrement ce nom de *citoyens*,
parce qu'ils n'en ont aucune véritable idée, comme on peut le
voir dans leurs dictionnaires, sans quoi ils tomberaient en
l'usurpant dans le crime de lèse-majesté : ce nom chez eux
exprime une vertu et non pas un droit. Quand Bodin a voulu
parler de nos citoyens et bourgeois, il a fait une lourde bévue
en prenant les uns pour les autres. M. d'Alembert ne s'y est
pas trompé, et a bien distingué dans son article *Genève* les
quatre ordres d'hommes (même cinq en y comptant les simples
étrangers) qui sont dans notre ville, et dont deux seulement
composent la République. Nul autre auteur français, que je sache,
n'a compris le vrai sens du mot *citoyen*.

CHAPITRE VII

DU SOUVERAIN

On voit par cette formule que l'acte d'association renferme un engagement réciproque du public avec les particuliers, et que chaque individu, contractant, pour ainsi dire, avec lui-même, se trouve engagé sous un double rapport; savoir, comme membre du souverain envers les particuliers, et comme membre de l'État envers le souverain. Mais on ne peut appliquer ici la maxime du droit civil que nul n'est tenu aux engagements pris avec lui-même; car il y a bien de la différence entre s'obliger envers soi ou envers un tout dont on fait partie.

Il faut remarquer encore que la délibération publique, qui peut obliger tous les sujets envers le souverain, à cause des deux différents rapports sous lesquels chacun d'eux est envisagé, ne peut, par la raison contraire, obliger le souverain envers lui-même, et que, par conséquent, il est contre la nature du corps politique que le souverain s'impose une loi qu'il ne puisse enfreindre. Ne pouvant se considérer que sous un seul et même rapport il est alors dans le cas d'un particulier contractant avec soi-même : par où l'on voit qu'il n'y a ni ne peut y avoir nulle espèce de loi fondamentale obligatoire pour le corps du peuple, pas même le contrat social. Ce qui ne signifie pas que ce corps ne puisse fort bien s'engager envers autrui en ce qui ne déroge point à ce contrat; car à l'égard de l'étranger, il devient un être simple, un individu.

Mais le corps politique ou le souverain ne tirant son être que de la sainteté du contrat ne peut jamais s'obliger, même envers autrui, à rien qui déroge à cet acte primitif, comme d'aliéner quelque portion de lui-même ou de se soumettre à un autre souverain. Violer l'acte par lequel il existe serait s'anéantir, et ce qui n'est rien ne produit rien.

Sitôt que cette multitude est ainsi réunie en un corps, on ne peut offenser un des membres sans attaquer le corps; encore moins offenser le corps sans que les membres s'en ressentent. Ainsi le devoir et l'intérêt obligent également les deux parties contractantes à s'entraider mutuellement, et les mêmes hommes doivent chercher à réunir sous ce double rapport tous les avantages qui en dépendent.

Or le souverain n'étant formé que des particuliers qui le composent n'a ni ne peut avoir d'intérêt contraire au leur; par conséquent la puissance souveraine n'a nul besoin de garant envers les sujets, parce qu'il est impossible que le corps veuille nuire à tous ses membres, et nous verrons ci-après qu'il ne peut nuire à aucun en particulier. Le souverain, par cela seul qu'il est, est toujours tout ce qu'il doit être.

Mais il n'en est pas ainsi des sujets envers le souverain, auquel, malgré l'intérêt commun, rien ne répondrait de leurs engagements s'il ne trouvait des moyens de s'assurer de leur fidélité.

En effet chaque individu peut comme homme avoir une volonté particulière contraire ou dissemblable à la volonté générale qu'il a comme citoyen. Son intérêt particulier peut lui parler tout autrement que l'intérêt commun; son existence absolue et naturellement indépendante peut lui faire envisager ce qu'il doit à la cause commune comme une contribution gratuite, dont la perte sera moins nuisible aux autres que le payement n'en est onéreux pour lui, et regardant la personne morale qui constitue l'État comme un être de raison parce que ce n'est pas un homme, il jouirait des droits du citoyen sans vouloir remplir les devoirs du sujet; injustice dont le progrès causerait la ruine du corps politique.

Afin donc que le pacte social ne soit pas un vain formulaire, il renferme tacitement cet engagement qui seul peut donner de la force aux autres, que quiconque refusera d'obéir à la volonté générale y sera contraint par tout le corps : ce qui ne signifie autre chose sinon qu'on le forcera d'être libre; car telle est la condition qui donnant chaque citoyen à la Patrie le garantit de

toute dépendance personnelle; condition qui fait
l'artifice et le jeu de la machine politique, et qui seule
rend légitimes les engagements civils, lesquels sans
cela seraient absurdes, tyranniques, et sujets aux plus
énormes abus.

CHAPITRE VIII

DE L'ÉTAT CIVIL

Ce passage de l'état de nature à l'état civil produit
dans l'homme un changement très remarquable, en
substituant dans sa conduite la justice à l'instinct, et
donnant à ses actions la moralité qui leur manquait
auparavant. C'est alors seulement que la voix du
devoir succédant à l'impulsion physique et le droit à
l'appétit, l'homme, qui jusque-là n'avait regardé que
lui-même, se voit forcé d'agir sur d'autres principes, et
de consulter sa raison avant d'écouter ses penchants.
Quoiqu'il se prive dans cet état de plusieurs avantages
qu'il tient de la nature, il en regagne de si grands,
ses facultés s'exercent et se développent, ses idées
s'étendent, ses sentiments s'ennoblissent, son âme tout
entière s'élève à tel point que si les abus de cette
nouvelle condition ne le dégradaient souvent au-
dessous de celle dont il est sorti, il devrait bénir
sans cesse l'instant heureux qui l'en arracha pour
jamais, et qui, d'un animal stupide et borné, fit un
être intelligent et un homme.

Réduisons toute cette balance à des termes faciles à
comparer. Ce que l'homme perd par le contrat social,
c'est sa liberté naturelle et un droit illimité à tout ce
qui le tente et qu'il peut atteindre; ce qu'il gagne, c'est
la liberté civile et la propriété de tout ce qu'il possède.
Pour ne pas se tromper dans ces compensations, il faut
bien distinguer la liberté naturelle qui n'a pour bornes
que les forces de l'individu, de la liberté civile qui est

limitée par la volonté générale, et la possession qui n'est que l'effet de la force ou le droit du premier occupant, de la propriété qui ne peut être fondée que sur un titre positif.

On pourrait sur ce qui précède ajouter à l'acquis de l'état civil la liberté morale, qui seule rend l'homme vraiment maître de lui; car l'impulsion du seul appétit est esclavage, et l'obéissance à la loi qu'on s'est prescrite est liberté. Mais je n'en ai déjà que trop dit sur cet article, et le sens philosophique du mot *liberté* n'est pas ici de mon sujet.

CHAPITRE IX

DU DOMAINE RÉEL

Chaque membre de la communauté se donne à elle au moment qu'elle se forme, tel qu'il se trouve actuellement, lui et toutes ses forces, dont les biens qu'il possède font partie. Ce n'est pas que par cet acte la possession change de nature en changeant de mains, et devienne propriété dans celles du souverain : Mais comme les forces de la cité sont incomparablement plus grandes que celles d'un particulier, la possession publique est aussi dans le fait plus forte et plus irrévocable, sans être plus légitime, au moins pour les étrangers. Car l'État à l'égard de ses membres est maître de tous leurs biens par le contrat social, qui dans l'État sert de base à tous les droits; mais il ne l'est à l'égard des autres puissances que par le droit de premier occupant qu'il tient des particuliers.

Le droit de premier occupant, quoique plus réel que celui du plus fort, ne devient un vrai droit qu'après l'établissement de celui de propriété. Tout homme a naturellement droit à tout ce qui lui est nécessaire; mais l'acte positif qui le rend propriétaire de quelque bien l'exclut de tout le reste. Sa part étant faite il doit s'y borner, et n'a plus aucun droit à la communauté. Voilà pourquoi le droit de premier occupant, si faible dans l'état de nature, est respectable à tout homme civil. On respecte moins dans ce droit ce qui est à autrui que ce qui n'est pas à soi.

En général, pour autoriser sur un terrain quelconque le droit de premier occupant, il faut les conditions suivantes. Premièrement que ce terrain ne soit encore habité par personne; secondement qu'on n'en occupe que la quantité dont on a besoin pour subsister; en troisième lieu qu'on en prenne possession, non par une vaine cérémonie, mais par le travail et la culture, seul signe de propriété qui au défaut de titres juridiques doive être respecté d'autrui.

En effet, accorder au besoin et au travail le droit de premier occupant, n'est-ce pas l'étendre aussi loin qu'il peut aller? Peut-on ne pas donner des bornes à ce droit? Suffira-t-il de mettre le pied sur un terrain commun pour s'en prétendre aussitôt le maître? Suffira-t-il d'avoir la force d'en écarter un moment les autres hommes pour leur ôter le droit d'y jamais revenir? Comment un homme ou un peuple peut-il s'emparer d'un territoire immense et en priver tout le genre humain autrement que par une usurpation punissable, puisqu'elle ôte au reste des hommes le séjour et les aliments que la nature leur donne en commun? Quand Nuñez Balboa prenait sur le rivage possession de la mer du Sud et de toute l'Amérique méridionale au nom de la couronne de Castille, était-ce assez pour en déposséder tous les habitants et en exclure tous les princes du monde? Sur ce pied-là ces cérémonies se multipliaient assez vainement, et le Roi catholique n'avait tout d'un coup qu'à prendre de son cabinet possession de tout l'univers; sauf à retrancher ensuite de son empire ce qui était auparavant possédé par les autres princes.

On conçoit comment les terres des particuliers réunies et contiguës deviennent le territoire public, et comment le droit de souveraineté s'étendant des sujets au terrain qu'ils occupent devient à la fois réel et per-

sonnel; ce qui met les possesseurs dans une plus grande
dépendance, et fait de leurs forces mêmes les garants de
leur fidélité. Avantage qui ne paraît pas avoir été bien
senti des anciens monarques qui ne s'appelant que rois
des Perses, des Scythes, des Macédoniens, semblaient
se regarder comme les chefs des hommes plutôt que
comme les maîtres du pays. Ceux d'aujourd'hui
s'appellent plus habilement rois de France, d'Espagne,
d'Angleterre, etc. En tenant ainsi le terrain, ils sont
bien sûrs d'en tenir les habitants.

Ce qu'il y a de singulier dans cette aliénation, c'est
que, loin qu'en acceptant les biens des particuliers la
communauté les en dépouille, elle ne fait que leur en
assurer la légitime possession, changer l'usurpation en
un véritable droit, et la jouissance en propriété. Alors
les possesseurs étant considérés comme dépositaires du
bien public, leurs droits étant respectés de tous les
membres de l'État et maintenus de toutes ses forces
contre l'étranger, par une cession avantageuse au
public et plus encore à eux-mêmes, ils ont, pour ainsi
dire, acquis tout ce qu'ils ont donné. Paradoxe qui
s'explique aisément par la distinction des droits que
le souverain et le propriétaire ont sur le même fond,
comme on verra ci-après.

Il peut arriver aussi que les hommes commencent à
s'unir avant que de rien posséder, et que, s'emparant
ensuite d'un terrain suffisant pour tous, ils en jouissent
en commun, ou qu'ils le partagent entre eux, soit
également soit selon des proportions établies par le
souverain. De quelque manière que se fasse cette
acquisition, le droit que chaque particulier a sur son
propre fond est toujours subordonné au droit que la
communauté a sur tous, sans quoi il n'y aurait ni
solidité dans le lien social, ni force réelle dans l'exercice de la souveraineté.

Je terminerai ce chapitre et ce livre par une remarque
qui doit servir de base à tout le système social; c'est
qu'au lieu de détruire l'égalité naturelle, le pacte
fondamental substitue au contraire une égalité morale
et légitime à ce que la nature avait pu mettre d'inégalité physique entre les hommes, et que, pouvant être

inégaux en force ou en génie, ils deviennent tous égaux par convention et de droit*.

Fin du Livre premier

---

* Sous les mauvais gouvernements cette égalité n'est qu'appa-rente et illusoire; elle ne sert qu'à maintenir le pauvre dans sa misère et le riche dans son usurpation. Dans le fait les lois sont toujours utiles à ceux qui possèdent et nuisibles à ceux qui n'ont rien. D'où il suit que l'état social n'est avantageux aux hommes qu'autant qu'ils ont tous quelque chose et qu'aucun d'eux n'a rien de trop.

LIVRE II

CHAPITRE PREMIER

QUE LA SOUVERAINETÉ EST INALIÉNABLE

La première et la plus importante conséquence des principes ci-devant établis est que la volonté générale peut seule diriger les forces de l'État selon la fin de son institution, qui est le bien commun : car si l'opposition des intérêts particuliers a rendu nécessaire l'établissement des sociétés, c'est l'accord de ces mêmes intérêts qui l'a rendu possible. C'est ce qu'il y a de commun dans ces différents intérêts qui forme le lien social, et s'il n'y avait pas quelque point dans lequel tous les intérêts s'accordent, nulle société ne saurait exister. Or c'est uniquement sur cet intérêt commun que la société doit être gouvernée.

Je dis donc que la souveraineté n'étant que l'exercice de la volonté générale ne peut jamais s'aliéner, et que le souverain, qui n'est qu'un être collectif, ne peut être représenté que par lui-même; le pouvoir peut bien se transmettre, mais non pas la volonté.

En effet, s'il n'est pas impossible qu'une volonté particulière s'accorde sur quelque point avec la volonté générale, il est impossible au moins que cet accord soit durable et constant; car la volonté particulière tend par sa nature aux préférences, et la volonté générale à l'égalité. Il est plus impossible encore qu'on ait un garant de cet accord quand même il devrait toujours exister; ce ne serait pas un effet de l'art mais du hasard. Le souverain peut bien dire : Je veux actuellement ce que veut un tel homme ou du moins ce qu'il dit vouloir; mais il ne peut pas dire : Ce que cet homme voudra demain, je le voudrai encore; puisqu'il est absurde que la volonté se donne des chaînes pour l'avenir, et puisqu'il ne dépend d'aucune volonté de consentir à rien de contraire au bien de l'être qui veut. Si donc le peuple promet simplement d'obéir, il se dissout par cet acte, il perd sa qualité de peuple; à l'instant qu'il y a un maître il n'y a plus de souverain, et dès lors le corps politique est détruit.

Ce n'est point à dire que les ordres des chefs ne puissent passer pour des volontés générales, tant que le souverain libre de s'y opposer ne le fait pas. En pareil cas, du silence universel on doit présumer le consentement du peuple. Ceci s'expliquera plus au long.

CHAPITRE II

QUE LA SOUVERAINETÉ EST INDIVISIBLE

Par la même raison que la souveraineté est inaliénable, elle est indivisible. Car la volonté est générale*, ou elle ne l'est pas; elle est celle du corps du peuple, ou seulement d'une partie. Dans le premier cas cette volonté déclarée est un acte de souveraineté et fait loi. Dans le second, ce n'est qu'une volonté particulière, ou un acte de magistrature; c'est un décret tout au plus.

Mais nos politiques ne pouvant diviser la souveraineté dans son principe la divisent dans son objet; ils la divisent en force et en volonté, en puissance législative et en puissance exécutive, en droits d'impôts, de justice, et de guerre, en administration intérieure et en pouvoir de traiter avec l'étranger : tantôt ils confondent toutes ces parties et tantôt ils les séparent; ils font du souverain un être fantastique et formé de

---

* Pour qu'une volonté soit générale il n'est pas toujours nécessaire qu'elle soit unanime, mais il est nécessaire que toutes les voix soient comptées; toute exclusion formelle rompt la généralité.

pièces rapportées; c'est comme s'ils composaient l'homme de plusieurs corps dont l'un aurait des yeux, l'autre des bras, l'autre des pieds, et rien de plus. Les charlatans du Japon dépècent, dit-on, un enfant aux yeux des spectateurs, puis jetant en l'air tous ses membres l'un après l'autre, ils font retomber l'enfant vivant et tout rassemblé. Tels sont à peu près les tours de gobelets de nos politiques; après avoir démembré le corps social par un prestige digne de la foire, ils rassemblent les pièces on ne sait comment.

Cette erreur vient de ne s'être pas fait des notions exactes de l'autorité souveraine, et d'avoir pris pour des parties de cette autorité ce qui n'en était que des émanations. Ainsi, par exemple, on a regardé l'acte de déclarer la guerre et celui de faire la paix comme des actes de souveraineté, ce qui n'est pas; puisque chacun de ces actes n'est point une loi mais seulement une application de la loi, un acte particulier qui détermine le cas de la loi, comme on le verra clairement quand l'idée attachée au mot *loi* sera fixée.

En suivant de même les autres divisions on trouverait que toutes les fois qu'on croit voir la souveraineté partagée on se trompe, que les droits qu'on prend pour des parties de cette souveraineté lui sont tous subordonnés, et supposent toujours des volontés suprêmes dont ces droits ne donnent que l'exécution.

On ne saurait dire combien ce défaut d'exactitude a jeté d'obscurité sur les décisions des auteurs en matière de droit politique, quand ils ont voulu juger des droits respectifs des rois et des peuples, sur les principes qu'ils avaient établis. Chacun peut voir dans les chapitres III et IV du premier livre de Grotius comment ce savant homme et son traducteur Barbeyrac s'enchevêtrent, s'embarrassent dans leurs sophismes, crainte d'en dire trop ou de n'en pas dire assez selon leurs vues, et de choquer les intérêts qu'ils avaient à concilier. Grotius réfugié en France, mécontent de sa patrie, et voulant faire sa cour à Louis XIII à qui son livre est dédié, n'épargne rien pour dépouiller les peuples de tous leurs droits et pour en revêtir les rois avec tout l'art possible. C'eût bien été aussi le goût de Barbeyrac, qui dédiait

sa traduction au roi d'Angleterre George Ier. Mais
malheureusement l'expulsion de Jacques II, qu'il appelle
abdication, le forçait à se tenir sur la réserve, à gauchir,
à tergiverser, pour ne pas faire de Guillaume un usurpateur. Si ces deux écrivains avaient adopté les vrais
principes, toutes les difficultés étaient levées et ils
eussent été toujours conséquents; mais ils auraient
tristement dit la vérité et n'auraient fait leur cour qu'au
peuple. Or la vérité ne mène point à la fortune, et le
peuple ne donne ni ambassades, ni chaires, ni pensions.

CHAPITRE III

SI LA VOLONTÉ GÉNÉRALE PEUT ERRER

Il s'ensuit de ce qui précède que la volonté générale
est toujours droite et tend toujours à l'utilité publique :
mais il ne s'ensuit pas que les délibérations du peuple
aient toujours la même rectitude. On veut toujours
son bien, mais on ne le voit pas toujours. Jamais
on ne corrompt le peuple, mais souvent on le trompe,
et c'est alors seulement qu'il paraît vouloir ce qui est
mal.

Il y a souvent bien de la différence entre la volonté de
tous et la volonté générale; celle-ci ne regarde qu'à
l'intérêt commun, l'autre regarde à l'intérêt privé, et
n'est qu'une somme de volontés particulières : mais
ôtez de ces mêmes volontés les plus et les moins qui
s'entre-détruisent*, reste pour somme des différences
la volonté générale.

Si, quand le peuple suffisamment informé délibère,

---

* *Chaque intérêt*, dit le M[arquis] d'A[rgenson], *a des prin-*
cipes différents. L'accord de deux intérêts particuliers se forme
par opposition à celui d'un tiers. Il eût pu ajouter que l'accord
de tous les intérêts se forme par opposition à celui de chacun.
S'il n'y avait point d'intérêts différents, à peine sentirait-on
l'intérêt commun qui ne trouverait jamais d'obstacle : tout
irait de lui-même, et la politique cesserait d'être un art.

les citoyens n'avaient aucune communication entre eux, du grand nombre de petites différences résulterait toujours la volonté générale, et la délibération serait toujours bonne. Mais quand il se fait des brigues, des associations partielles aux dépens de la grande, la volonté de chacune de ces associations devient générale par rapport à ses membres, et particulière par rapport à l'État; on peut dire alors qu'il n'y a plus autant de votants que d'hommes, mais seulement autant que d'associations. Les différences deviennent moins nombreuses et donnent un résultat moins général. Enfin quand une de ces associations est si grande qu'elle l'emporte sur toutes les autres, vous n'avez plus pour résultat une somme de petites différences, mais une différence unique; alors il n'y a plus de volonté générale, et l'avis qui l'emporte n'est qu'un avis particulier.

Il importe donc pour avoir bien l'énoncé de la volonté générale qu'il n'y ait pas de société partielle dans l'État et que chaque citoyen n'opine que d'après lui*. Telle fut l'unique et sublime institution du grand Lycurgue. Que s'il y a des sociétés partielles, il en faut multiplier le nombre et en prévenir l'inégalité, comme firent Solon, Numa, Servius. Ces précautions sont les seules bonnes pour que la volonté générale soit toujours éclairée, et que le peuple ne se trompe point.

CHAPITRE IV

DES BORNES DU POUVOIR SOUVERAIN

Si l'État ou la Cité n'est qu'une personne morale dont la vie consiste dans l'union de ses membres, et si

---

* *Vera cosa è*, dit Machiavel, *che alcune divisioni nuocono alle Republiche, e alcune giovano : quelle nuocono che sono dalle sette e da partigiani accompagnate : quelle giovano che senza sette, senza partigiani si mantengono. Non potendo adunque provedere un fondatore d'una Republica che non siano nimicizie in quella, hà da proveder almeno che non vi siano sette.* Hist. Fiorent., L. VII.

le plus important de ses soins est celui de sa propre
conservation, il lui faut une force universelle et compul-
sive pour mouvoir et disposer chaque partie de la
manière la plus convenable au tout. Comme la nature
donne à chaque homme un pouvoir absolu sur tous
ses membres, le pacte social donne au corps politique
un pouvoir absolu sur tous les siens, et c'est ce même
pouvoir qui, dirigé par la volonté générale, porte,
comme j'ai dit, le nom de souveraineté.

Mais outre la personne publique, nous avons à
considérer les personnes privées qui la composent, et
dont la vie et la liberté sont naturellement indépendantes d'elle. Il s'agit donc de bien distinguer les droits
respectifs des citoyens et du souverain*, et les devoirs
qu'ont à remplir les premiers en qualité de sujets, du
droit naturel dont ils doivent jouir en qualité d'hommes.

On convient que tout ce que chacun aliène par le
pacte social de sa puissance, de ses biens, de sa liberté,
c'est seulement la partie de tout cela dont l'usage
importe à la communauté, mais il faut convenir aussi
que le souverain seul est juge de cette importance.

Tous les services qu'un citoyen peut rendre à l'État,
il les lui doit sitôt que le souverain les demande; mais
le souverain de son côté ne peut charger les sujets
d'aucune chaîne inutile à la communauté; il ne peut
pas même le vouloir : car sous la loi de raison rien ne
se fait sans cause, non plus que sous la loi de nature.

Les engagements qui nous lient au corps social ne
sont obligatoires que parce qu'ils sont mutuels, et leur
nature est telle qu'en les remplissant on ne peut
travailler pour autrui sans travailler aussi pour soi.
Pourquoi la volonté générale est-elle toujours droite, et
pourquoi tous veulent-ils constamment le bonheur de
chacun d'eux, si ce n'est parce qu'il n'y a personne qui
ne s'approprie ce mot *chacun*, et qui ne songe à lui-
même en votant pour tous? Ce qui prouve que l'égalité
de droit et la notion de justice qu'elle produit dérivent

---

* Lecteurs attentifs, ne vous pressez pas, je vous prie, de
m'accuser ici de contradiction. Je n'ai pu l'éviter dans les termes,
vu la pauvreté de la langue; mais attendez.

de la préférence que chacun se donne et par conséquent
de la nature de l'homme, que la volonté générale pour
être vraiment telle doit l'être dans son objet ainsi que
dans son essence, qu'elle doit partir de tous pour
s'appliquer à tous, et qu'elle perd sa rectitude naturelle lorsqu'elle tend à quelque objet individuel et
déterminé; parce qu'alors jugeant de ce qui nous est
étranger nous n'avons aucun vrai principe d'équité
qui nous guide.

En effet, sitôt qu'il s'agit d'un fait ou d'un droit
particulier, sur un point qui n'a pas été réglé par une
convention générale et antérieure, l'affaire devient
contentieuse. C'est un procès où les particuliers inté-
ressés sont une des parties et le public l'autre, mais
où je ne vois ni la loi qu'il faut suivre, ni le juge qui
doit prononcer. Il serait ridicule de vouloir alors s'en
rapporter à une expresse décision de la volonté
générale, qui ne peut être que la conclusion de l'une
des parties, et qui par conséquent n'est pour l'autre
qu'une volonté étrangère, particulière, portée en cette
occasion à l'injustice et sujette à l'erreur. Ainsi de
même qu'une volonté particulière ne peut représenter
la volonté générale, la volonté générale à son tour
change de nature ayant un objet particulier, et ne
peut comme générale prononcer ni sur un homme ni
sur un fait. Quand le peuple d'Athènes, par exemple,
nommait ou cassait ses chefs, décernait des honneurs à
l'un, imposait des peines à l'autre, et par des multitudes
de décrets particuliers exerçait indistinctement tous les
actes du gouvernement, le peuple alors n'avait plus de
volonté générale proprement dite; il n'agissait plus
comme souverain mais comme magistrat. Ceci
paraîtra contraire aux idées communes, mais il faut
me laisser le temps d'exposer les miennes.

On doit concevoir par là que ce qui généralise la
volonté est moins le nombre des voix que l'intérêt
commun qui les unit : car dans cette institution chacun
se soumet nécessairement aux conditions qu'il impose
aux autres; accord admirable de l'intérêt et de la
justice qui donne aux délibérations communes un
caractère d'équité qu'on voit évanouir dans la discus-

sion de toute affaire particulière, faute d'un intérêt commun qui unisse et identifie la règle du juge avec celle de la partie.

Par quelque côté qu'on remonte au principe, on arrive toujours à la même conclusion; savoir, que le pacte social établit entre les citoyens une telle égalité qu'ils s'engagent tous sous les mêmes conditions, et doivent jouir tous des mêmes droits. Ainsi par la nature du pacte, tout acte de souveraineté, c'est-à-dire tout acte authentique de la volonté générale, oblige ou favorise également tous les citoyens, en sorte que le souverain connaît seulement le corps de la nation et ne distingue aucun de ceux qui la composent. Qu'est-ce donc proprement qu'un acte de souveraineté? Ce n'est pas une convention du supérieur avec l'inférieur, mais une convention du corps avec chacun de ses membres : Convention légitime, parce qu'elle a pour base le contrat social, équitable, parce qu'elle est commune à tous, utile, parce qu'elle ne peut avoir d'autre objet que le bien général, et solide, parce qu'elle a pour garant la force publique et le pouvoir suprême. Tant que les sujets ne sont soumis qu'à de telles conventions, ils n'obéissent à personne, mais seulement à leur propre volonté; et demander jusqu'où s'étendent les droits respectifs du souverain et des citoyens, c'est demander jusqu'à quel point ceux-ci peuvent s'engager avec eux-mêmes, chacun envers tous et tous envers chacun d'eux.

On voit par là que le pouvoir souverain, tout absolu, tout sacré, tout inviolable qu'il est, ne passe ni ne peut passer les bornes des conventions générales, et que tout homme peut disposer pleinement de ce qui lui a été laissé de ses biens et de sa liberté par ces conventions; de sorte que le souverain n'est jamais en droit de charger un sujet plus qu'un autre, parce qu'alors l'affaire devenant particulière, son pouvoir n'est plus compétent.

Ces distinctions une fois admises, il est si faux que dans le contrat social il y ait de la part des particuliers aucune renonciation véritable, que leur situation, par l'effet de ce contrat, se trouve réellement préférable à ce qu'elle était auparavant, et qu'au lieu d'une aliénation, ils n'ont fait qu'un échange avantageux d'une manière d'être incertaine et précaire contre une autre meilleure et plus sûre, de l'indépendance naturelle contre la liberté, du pouvoir de nuire à autrui contre leur propre sûreté, et de leur force que d'autres pouvaient surmonter contre un droit que l'union sociale rend invincible. Leur vie même qu'ils ont dévouée à l'État en est continuellement protégée, et lorsqu'ils l'exposent pour sa défense que font-ils alors que lui rendre ce qu'ils ont reçu de lui? Que font-ils qu'ils ne fissent plus fréquemment et avec plus de danger dans l'état de nature, lorsque, livrant des combats inévitables, ils défendraient au péril de leur vie ce qui leur sert à la conserver? Tous ont à combattre au besoin pour la patrie, il est vrai; mais aussi nul n'a jamais à combattre pour soi. Ne gagne-t-on pas encore à courir pour ce qui fait notre sûreté une partie des risques qu'il faudrait courir pour nous-mêmes sitôt qu'elle nous serait ôtée?

CHAPITRE V

DU DROIT DE VIE ET DE MORT

On demande comment les particuliers n'ayant point droit de disposer de leur propre vie peuvent transmettre au souverain ce même droit qu'ils n'ont pas? Cette question ne paraît difficile à résoudre que parce qu'elle est mal posée. Tout homme a droit de risquer sa propre vie pour la conserver. A-t-on jamais dit que celui qui se jette par une fenêtre pour échapper à un incendie soit coupable de suicide? A-t-on même jamais imputé ce crime à celui qui périt dans une tempête dont en s'embarquant il n'ignorait pas le danger?

Le traité social a pour fin la conservation des contractants. Qui veut la fin veut aussi les moyens, et ces moyens sont inséparables de quelques risques, même de quelques pertes. Qui veut conserver sa vie aux dépens des autres doit la donner aussi pour eux quand il faut. Or le citoyen n'est plus juge du péril auquel la loi veut qu'il s'expose, et quand le Prince lui a dit : Il est expédient à l'État que tu meures, il doit mourir; puisque ce n'est qu'à cette condition qu'il a vécu en sûreté jusqu'alors, et que sa vie n'est plus seulement un bienfait de la nature, mais un don conditionnel de l'État.

La peine de mort infligée aux criminels peut être envisagée à peu près sous le même point de vue : c'est pour n'être pas la victime d'un assassin que l'on consent à mourir si on le devient. Dans ce traité, loin de disposer de sa propre vie on ne songe qu'à la garantir, et il n'est pas à présumer qu'aucun des contractants prémédite alors de se faire pendre.

D'ailleurs tout malfaiteur attaquant le droit social devient par ses forfaits rebelle et traître à la patrie, il cesse d'en être membre en violant ses lois, et même il lui fait la guerre. Alors la conservation de l'État est incompatible avec la sienne, il faut qu'un des deux périsse, et quand on fait mourir le coupable, c'est moins comme citoyen que comme ennemi. Les procédures, le jugement, sont les preuves et la déclaration qu'il a rompu le traité social, et par conséquent qu'il n'est plus membre de l'État. Or comme il s'est reconnu tel, tout au moins par son séjour, il en doit être retranché par l'exil comme infracteur du pacte, ou par la mort comme ennemi public; car un tel ennemi n'est pas une personne morale, c'est un homme, et c'est alors que le droit de la guerre est de tuer le vaincu.

Mais, dira-t-on, la condamnation d'un criminel est un acte particulier. D'accord; aussi cette condamnation n'appartient-elle point au souverain; c'est un droit qu'il peut conférer sans pouvoir l'exercer lui-même. Toutes mes idées se tiennent, mais je ne saurais les exposer toutes à la fois.

Au reste la fréquence des supplices est toujours un signe de faiblesse ou de paresse dans le gouvernement. Il n'y a point de méchant qu'on ne pût rendre bon à quelque chose. On n'a droit de faire mourir, même pour l'exemple, que celui qu'on ne peut conserver sans danger.

A l'égard du droit de faire grâce, ou d'exempter un coupable de la peine portée par la loi et prononcée par le juge, il n'appartient qu'à celui qui est au-dessus du juge et de la loi; c'est-à-dire au souverain. Encore son droit en ceci n'est-il pas bien net, et les cas d'en user sont-ils très rares. Dans un État bien gouverné il y a peu de punitions, non parce qu'on fait beaucoup de grâces, mais parce qu'il y a peu de criminels : la multitude des crimes en assure l'impunité lorsque l'État dépérit. Sous la République romaine jamais le Sénat ni les consuls ne tentèrent de faire grâce; le peuple même n'en faisait pas, quoiqu'il révoquât quelquefois son propre jugement. Les fréquentes grâces annoncent que bientôt les forfaits n'en auront plus besoin, et chacun voit où cela mène. Mais je sens que mon cœur murmure et retient ma plume; laissons discuter ces questions à l'homme juste qui n'a point failli, et qui jamais n'eut lui-même besoin de grâce.

CHAPITRE VI

DE LA LOI

Par le pacte social nous avons donné l'existence et la vie au corps politique : il s'agit maintenant de lui donner le mouvement et la volonté par la législation. Car l'acte primitif par lequel ce corps se forme et s'unit ne détermine rien encore de ce qu'il doit faire pour se conserver.

Ce qui est bien et conforme à l'ordre est tel par la nature des choses et indépendamment des conventions humaines. Toute justice vient de Dieu, lui seul en est la source; mais si nous savions la recevoir de si haut nous n'aurions besoin ni de gouvernement ni de lois. Sans doute il est une justice universelle émanée de la raison seule; mais cette justice pour être admise entre nous doit être réciproque. A considérer humainement les choses, faute de sanction naturelle les lois de la justice sont vaines parmi les hommes ; elles ne font que le bien du méchant et le mal du juste, quand celui-ci les observe avec tout le monde sans que personne les observe avec lui. Il faut donc des conventions et des lois pour unir les droits aux devoirs et ramener la justice à son objet. Dans l'état de nature, où tout est commun, je ne dois rien à ceux à qui je n'ai rien promis, je ne reconnais pour être à autrui que ce qui m'est inutile. Il n'en est pas ainsi dans l'état civil où tous les droits sont fixés par la loi.

Mais qu'est-ce donc enfin qu'une loi ? Tant qu'on se contentera de n'attacher à ce mot que des idées métaphysiques, on continuera de raisonner sans s'entendre, et quand on aura dit ce que c'est qu'une loi de la nature on n'en saura pas mieux ce que c'est qu'une loi de l'État.

J'ai déjà dit qu'il n'y avait point de volonté générale sur un objet particulier. En effet cet objet particulier est dans l'État ou hors de l'État. S'il est hors de l'État, une volonté qui lui est étrangère n'est point générale par rapport à lui ; et si cet objet est dans l'État, il en fait partie. Alors il se forme entre le tout et sa partie une relation qui en fait deux êtres séparés, dont la partie est l'un, et le tout moins cette même partie est l'autre. Mais le tout moins une partie n'est point le tout, et tant que ce rapport subsiste il n'y a plus de tout mais deux parties inégales ; d'où il suit que la volonté de l'une n'est point non plus générale par rapport à l'autre.

Mais quand tout le peuple statue sur tout le peuple il ne considère que lui-même, et s'il se forme alors un rapport, c'est de l'objet entier sous un point de vue à l'objet entier sous un autre point de vue, sans aucune division du tout. Alors la matière sur laquelle on statue est générale comme la volonté qui statue. C'est cet acte que j'appelle une loi.

Quand je dis que l'objet des lois est toujours général, j'entends que la loi considère les sujets en corps et les actions comme abstraites, jamais un homme comme

individu ni une action particulière. Ainsi la loi peut
bien statuer qu'il y aura des privilèges, mais elle n'en
peut donner nommément à personne; la loi peut faire
plusieurs classes de citoyens, assigner même les qualités
qui donneront droit à ces classes, mais elle ne peut
nommer tels et tels pour y être admis; elle peut établir
un gouvernement royal et une succession héréditaire,
mais elle ne peut élire un roi ni nommer une famille
royale; en un mot toute fonction qui se rapporte à un
objet individuel n'appartient point à la puissance
législative.

Sur cette idée on voit à l'instant qu'il ne faut plus
demander à qui il appartient de faire des lois, puisqu'elles sont des actes de la volonté générale; ni si le
Prince est au-dessus des lois, puisqu'il est membre de
l'État; ni si la loi peut être injuste, puisque nul n'est
injuste envers lui-même; ni comment on est libre et
soumis aux lois, puisqu'elles ne sont que des registres
de nos volontés.

On voit encore que la loi réunissant l'universalité de
la volonté et celle de l'objet, ce qu'un homme, quel
qu'il puisse être, ordonne de son chef n'est point une
loi; ce qu'ordonne même le souverain sur un objet
particulier n'est pas non plus une loi mais un décret,
ni un acte de souveraineté mais de magistrature.

J'appelle donc République tout État régi par des
lois, sous quelque forme d'administration que ce puisse
être : car alors seulement l'intérêt public gouverne, et la
chose publique est quelque chose. Tout gouvernement
légitime est républicain* : j'expliquerai ci-après ce que
c'est que gouvernement.

Les lois ne sont proprement que les conditions de
l'association civile. Le Peuple soumis aux lois en doit
être l'auteur; il n'appartient qu'à ceux qui s'associent
de régler les conditions de la société : mais comment les

---

* Je n'entends pas seulement par ce mot une aristocratie ou
une démocratie, mais en général tout gouvernement guidé par la
volonté générale, qui est la loi. Pour être légitime il ne faut pas
que le gouvernement se confonde avec le souverain, mais qu'il
en soit le ministre : alors la monarchie elle-même est république.
Ceci s'éclaircira dans le livre suivant.

régleront-ils? Sera-ce d'un commun accord, par une inspiration subite? Le corps politique a-t-il un organe pour énoncer ces volontés? Qui lui donnera la prévoyance nécessaire pour en former les actes et les publier d'avance, ou comment les prononcera-t-il au moment du besoin? Comment une multitude aveugle qui souvent ne sait ce qu'elle veut, parce qu'elle sait rarement ce qui lui est bon, exécuterait-elle d'elle-même une entreprise aussi grande, aussi difficile qu'un système de législation? De lui-même le peuple veut toujours le bien, mais de lui-même il ne le voit pas toujours. La volonté générale est toujours droite, mais le jugement qui la guide n'est pas toujours éclairé. Il faut lui faire voir les objets tels qu'ils sont, quelquefois tels qu'ils doivent lui paraître, lui montrer le bon chemin qu'elle cherche, la garantir de la séduction des volontés particulières, rapprocher à ses yeux les lieux et les temps, balancer l'attrait des avantages présents et sensibles, par le danger des maux éloignés et cachés. Les particuliers voient le bien qu'ils rejettent : le public veut le bien qu'il ne voit pas. Tous ont également besoin de guides. Il faut obliger les uns à conformer leurs volontés à leur raison; il faut apprendre à l'autre à connaître ce qu'il veut. Alors des lumières publiques résulte l'union de l'entendement et de la volonté dans le corps social, de là l'exact concours des parties, et enfin la plus grande force du tout. Voilà d'où naît la nécessité d'un législateur.

CHAPITRE VII

DU LÉGISLATEUR

Pour découvrir les meilleures règles de société qui conviennent aux nations, il faudrait une intelligence supérieure, qui vît toutes les passions des hommes et qui n'en éprouvât aucune, qui n'eût aucun rapport avec notre nature et qui la connût à fond, dont le bonheur fût indépendant de nous et qui pourtant voulût bien s'occuper du nôtre; enfin qui, dans le progrès des temps se ménageant une gloire éloignée, pût travailler dans un siècle et jouir dans un autre*. Il faudrait des dieux pour donner des lois aux hommes.

Le même raisonnement que faisait Caligula quant au fait, Platon le faisait quant au droit pour définir l'homme civil ou royal qu'il cherche dans son livre du règne; mais s'il est vrai qu'un grand prince est un homme rare, que sera-ce d'un grand législateur? Le premier n'a qu'à suivre le modèle que l'autre doit proposer. Celui-ci est le mécanicien qui invente la machine, celui-là n'est que l'ouvrier qui la monte et la fait marcher. Dans la naissance des sociétés, dit Montesquieu, ce sont les chefs des républiques qui font l'institution, et c'est ensuite l'institution qui forme les chefs des républiques.

Celui qui ose entreprendre d'instituer un peuple doit se sentir en état de changer, pour ainsi dire, la nature humaine; de transformer chaque individu, qui par lui-même est un tout parfait et solitaire, en partie d'un plus grand tout dont cet individu reçoive en quelque sorte sa vie et son être; d'altérer la constitution de l'homme pour la renforcer; de substituer une existence partielle et morale à l'existence physique et indépendante que nous avons tous reçue de la nature. Il faut, en un mot, qu'il ôte à l'homme ses forces propres pour lui en donner qui lui soient étrangères et dont il ne puisse faire usage sans le secours d'autrui. Plus ces forces naturelles sont mortes et anéanties, plus les acquises sont grandes et durables, plus aussi l'institution est solide et parfaite. En sorte que si chaque citoyen n'est rien, ne peut rien, que par tous les autres, et que la force acquise par le tout soit égale ou supérieure à la somme des forces naturelles de tous les individus, on peut dire que la législation est au plus haut point la perfection qu'elle puisse atteindre.

---

* Un peuple ne devient célèbre que quand sa législation commence à décliner. On ignore durant combien de siècles l'institution de Lycurgue fit le bonheur des Spartiates avant qu'il fût question d'eux dans le reste de la Grèce.

Le législateur est à tous égards un homme extraordinaire dans l'État. S'il doit l'être par son génie, il ne
l'est pas moins par son emploi. Ce n'est point magistrature, ce n'est point souveraineté. Cet emploi, qui
constitue la république, n'entre point dans sa constitution. C'est une fonction particulière et supérieure qui
n'a rien de commun avec l'empire humain; car si
celui qui commande aux hommes ne doit pas commander aux lois, celui qui commande aux lois ne doit pas
non plus commander aux hommes; autrement ses
lois, ministres de ses passions, ne feraient souvent que
perpétuer ses injustices, et jamais il ne pourrait éviter
que des vues particulières n'altérassent la sainteté de
son ouvrage.

Quand Lycurgue donna des lois à sa patrie, il
commença par abdiquer la Royauté. C'était la coutume
de la plupart des villes grecques de confier à des étrangers l'établissement des leurs. Les Républiques
modernes de l'Italie imitèrent souvent cet usage; celle
de Genève en fit autant et s'en trouva bien*. Rome
dans son plus bel âge vit renaître en son sein tous les
crimes de la tyrannie, et se vit prête à périr, pour avoir
réuni sur les mêmes têtes l'autorité législative et le
pouvoir souverain.

Cependant les décemvirs eux-mêmes ne s'arrogèrent
jamais le droit de faire passer aucune loi de leur seule
autorité. *Rien de ce que nous vous proposons*, disaient-ils
au peuple, *ne peut passer en loi sans votre consentement.
Romains, soyez vous-mêmes les auteurs des lois qui
doivent faire votre bonheur.*

Celui qui rédige les lois n'a donc ou ne doit avoir
aucun droit législatif, et le peuple même ne peut, quand
il le voudrait, se dépouiller de ce droit incommuni-
cable; parce que selon le pacte fondamental il n'y a

* Ceux qui ne considèrent Calvin que comme théologien
connaissent mal l'étendue de son génie. La rédaction de nos sages
édits, à laquelle il eut beaucoup de part, lui fait autant d'honneur
que son institution. Quelque révolution que le temps puisse
amener dans notre culte, tant que l'amour de la patrie et de la
liberté ne sera pas éteint parmi nous, jamais la mémoire de ce
grand homme ne cessera d'y être en bénédiction.

que la volonté générale qui oblige les particuliers, et qu'on ne peut jamais s'assurer qu'une volonté particulière est conforme à la volonté générale qu'après l'avoir soumise aux suffrages libres du peuple : j'ai déjà dit cela, mais il n'est pas inutile de le répéter.

Ainsi l'on trouve à la fois dans l'ouvrage de la législation deux choses qui semblent incompatibles : une entreprise au-dessus de la force humaine et, pour l'exécuter, une autorité qui n'est rien.

Autre difficulté qui mérite attention. Les sages qui veulent parler au vulgaire leur langage au lieu du sien n'en sauraient être entendus. Or il y a mille sortes d'idées qu'il est impossible de traduire dans la langue du peuple. Les vues trop générales et les objets trop éloignés sont également hors de sa portée; chaque individu, ne goûtant d'autre plan de gouvernement que celui qui se rapporte à son intérêt particulier, aperçoit difficilement les avantages qu'il doit retirer des privations continuelles qu'imposent les bonnes lois. Pour qu'un peuple naissant pût goûter les saines maximes de la politique et suivre les règles fondamentales de la raison d'État, il faudrait que l'effet pût devenir la cause, que l'esprit social qui doit être l'ouvrage de l'institution présidât à l'institution même, et que les hommes fussent avant les lois ce qu'ils doivent devenir par elles. Ainsi donc le législateur ne pouvant employer ni la force ni le raisonnement, c'est une nécessité qu'il recoure à une autorité d'un autre ordre, qui puisse entraîner sans violence et persuader sans convaincre.

Voilà ce qui força de tout temps les pères des nations à recourir à l'intervention du Ciel et d'honorer les dieux de leur propre sagesse, afin que les peuples, soumis aux lois de l'État comme à celles de la nature, et reconnaissant le même pouvoir dans la formation de l'homme et dans celle de la cité, obéissent avec liberté et portassent docilement le joug de la félicité publique.

Cette raison sublime qui s'élève au-dessus de la portée des hommes vulgaires est celle dont le législateur met les décisions dans la bouche des immortels, pour entraîner par l'autorité divine ceux que ne pourrait

ébranler la prudence humaine*. Mais il n'appartient
pas à tout homme de faire parler les dieux, ni d'en
être cru quand il s'annonce pour être leur interprète.
La grande âme du législateur est le vrai miracle qui
doit prouver sa mission. Tout homme peut graver des
tables de pierre, ou acheter un oracle, ou feindre un
secret commerce avec quelque divinité, ou dresser un
oiseau pour lui parler à l'oreille, ou trouver d'autres
moyens grossiers d'en imposer au peuple. Celui qui
ne saura que cela pourra même assembler par hasard
une troupe d'insensés, mais il ne fondera jamais un
empire, et son extravagant ouvrage périra bientôt
avec lui. De vains prestiges forment un lien passager,
il n'y a que la sagesse qui le rende durable. La loi
judaïque toujours subsistante, celle de l'enfant d'Ismaël
qui depuis dix siècles régit la moitié du monde, annoncent encore aujourd'hui les grands hommes qui les
ont dictées; et tandis que l'orgueilleuse philosophie
ou l'aveugle esprit de parti ne voit en eux que d'heureux
imposteurs, le vrai politique admire dans leurs institutions ce grand et puissant génie qui préside aux établissements durables.

Il ne faut pas de tout ceci conclure avec Warburton
que la politique et la religion aient parmi nous un
objet commun, mais que dans l'origine des nations
l'une sert d'instrument à l'autre.

CHAPITRE VIII

DU PEUPLE

Comme avant d'élever un grand édifice l'architecte
observe et sonde le sol, pour voir s'il en peut soutenir

---

*   *E veramente*, dit Machiavel, *mai non fù alcuno ordinatore di
leggi straordinarie in un popolo, che non ricorresse a Dio, perche
altrimenti non sarebbero accettate; perche sono molti beni conos-
ciuti da uno prudente, i quali non hanno in se raggioni evidenti
da potergli persuadere ad altrui.* Discorsi sopra Tito Livio,
L. I, c. XI.

le poids, le sage instituteur ne commence pas par rédiger de bonnes lois en elles-mêmes, mais il examine auparavant si le peuple auquel il les destine est propre à les supporter. C'est pour cela que Platon refusa de donner des lois aux Arcadiens et aux Cyréniens, sachant que ces deux peuples étaient riches et ne pouvaient souffrir l'égalité : c'est pour cela qu'on vit en Crète de bonnes lois et de méchants hommes, parce que Minos n'avait discipliné qu'un peuple chargé de vices.

Mille nations ont brillé sur la terre qui n'auraient jamais pu souffrir de bonnes lois, et celles mêmes qui l'auraient pu n'ont eu dans toute leur durée qu'un temps fort court pour cela. Les peuples ainsi que les hommes[1] ne sont dociles que dans leur jeunesse, ils deviennent incorrigibles en vieillissant ; quand une fois les coutumes sont établies et les préjugés enracinés, c'est une entreprise dangereuse et vaine de vouloir les réformer ; le peuple ne peut pas même souffrir qu'on touche à ses maux pour les détruire, semblable à ces malades stupides et sans courage qui frémissent à l'aspect du médecin.

Ce n'est pas que, comme quelques maladies bouleversent la tête des hommes et leur ôtent le souvenir du passé, il ne se trouve quelquefois dans la durée des États des époques violentes où les révolutions font sur les peuples ce que certaines crises font sur les individus, où l'horreur du passé tient lieu d'oubli, et où l'État, embrasé par les guerres civiles, renaît pour ainsi dire de sa cendre et reprend la vigueur de la jeunesse en sortant des bras de la mort. Telle fut Sparte au temps de Lycurgue, telle fut Rome après les Tarquins ; et telles ont été parmi nous la Hollande et la Suisse après l'expulsion des tyrans.

Mais ces événements sont rares ; ce sont des exceptions dont la raison se trouve toujours dans la constitution particulière de l'État excepté. Elles ne sauraient même avoir lieu deux fois pour le même peuple, car

---

1 Le texte de l'édition de 1782 est ici : « *La plupart des peuples ainsi que des hommes...* »

il peut se rendre libre tant qu'il n'est que barbare, mais il ne le peut plus quand le ressort civil est usé. Alors les troubles peuvent le détruire sans que les révolutions puissent le rétablir, et sitôt que ses fers sont brisés, il tombe épars et n'existe plus. Il lui faut désormais un maître et non pas un libérateur. Peuples libres, souvenez-vous de cette maxime : On peut acquérir la liberté; mais on ne la recouvre jamais.

Il est pour les nations comme pour les hommes un temps de maturité qu'il faut attendre[1] avant de les soumettre à des lois; mais la maturité d'un peuple n'est pas toujours facile à connaître, et si on la prévient l'ouvrage est manqué. Tel peuple est disciplinable en naissant, tel autre ne l'est pas au bout de dix siècles. Les Russes ne seront jamais vraiment policés, parce qu'ils l'ont été trop tôt. Pierre avait le génie imitatif; il n'avait pas le vrai génie, celui qui crée et fait tout de rien. Quelques-unes des choses qu'il fit étaient bien, la plupart étaient déplacées. Il a vu que son peuple était barbare, il n'a point vu qu'il n'était pas mûr pour la police; il l'a voulu civiliser quand il ne fallait que l'aguerrir. Il a d'abord voulu faire des Allemands, des Anglais, quand il fallait commencer par faire des Russes; il a empêché ses sujets de jamais devenir ce qu'ils pourraient être, en leur persuadant qu'ils étaient ce qu'ils ne sont pas. C'est ainsi qu'un précepteur français forme son élève pour briller un moment dans son enfance, et puis n'être jamais rien. L'Empire de Russie voudra subjuguer l'Europe et sera subjugué lui-même. Les Tartares ses sujets ou ses voisins deviendront ses maîtres et les nôtres. Cette révolution me paraît infaillible. Tous les rois de l'Europe travaillent de concert à l'accélérer.

1   Texte de l'édition de 1782 : « *La jeunesse n'est pas l'enfance. Il est pour les nations comme pour les hommes un temps de jeunesse, ou si l'on veut de maturité qu'il faut attendre...* »

CHAPITRE IX

SUITE

Comme la nature a donné des termes à la stature d'un homme bien conformé, passé lesquels elle ne fait plus que des géants ou des nains, il y a de même, eu égard à la meilleure constitution d'un État, des bornes à l'étendue qu'il peut avoir, afin qu'il ne soit ni trop grand pour pouvoir être bien gouverné, ni trop petit pour pouvoir se maintenir par lui-même. Il y a dans tout corps politique un *maximum* de force qu'il ne saurait passer, et duquel souvent il s'éloigne à force de s'agrandir. Plus le lien social s'étend, plus il se relâche, et en général un petit État est proportionnellement plus fort qu'un grand.

Mille raisons démontrent cette maxime. Premièrement l'administration devient plus pénible dans les grandes distances, comme un poids devient plus lourd au bout d'un plus grand levier. Elle devient aussi plus onéreuse à mesure que les degrés se multiplient; car chaque ville a d'abord la sienne que le peuple paye, chaque district la sienne encore payée par le peuple, ensuite chaque province, puis les grands gouvernements, les satrapies, les vice-royautés qu'il faut toujours payer plus cher à mesure qu'on monte, et toujours aux dépens du malheureux peuple; enfin vient l'administration suprême qui écrase tout. Tant de surcharges épuisent continuellement les sujets; loin d'être mieux gouvernés par ces différents ordres, ils le sont moins bien que s'il n'y en avait qu'un seul au-dessus d'eux. Cependant à peine reste-t-il des ressources pour les cas extraordinaires, et quand il y faut recourir l'État est toujours à la veille de sa ruine.

Ce n'est pas tout; non seulement le gouvernement a moins de vigueur et de célérité pour faire observer les lois, empêcher les vexations, corriger les abus, prévenir les entreprises séditieuses qui peuvent se faire dans des

lieux éloignés, mais le peuple a moins d'affection pour
ses chefs qu'il ne voit jamais, pour la patrie qui est à
ses yeux comme le monde, et pour ses concitoyens
dont la plupart lui sont étrangers. Les mêmes lois ne
peuvent convenir à tant de provinces diverses qui ont
des mœurs différentes, qui vivent sous des climats
opposés, et qui ne peuvent souffrir la même forme de
gouvernement. Des lois différentes n'engendrent que
trouble et confusion parmi des peuples qui, vivant
sous les mêmes chefs et dans une communication
continuelle, passent ou se marient les uns chez les
autres et, soumis à d'autres coutumes, ne savent jamais
si leur patrimoine est bien à eux. Les talents sont
enfouis, les vertus ignorées, les vices impunis, dans cette
multitude d'hommes inconnus les uns aux autres,
que le siège de l'administration suprême rassemble dans
un même lieu. Les chefs accablés d'affaires ne voient
rien par eux-mêmes, des commis gouvernent l'État.
Enfin les mesures qu'il faut prendre pour maintenir
l'autorité générale, à laquelle tant d'officiers éloignés
veulent se soustraire ou en imposer, absorbe tous les
soins publics, il n'en reste plus pour le bonheur du
peuple, à peine en reste-t-il pour sa défense au besoin,
et c'est ainsi qu'un corps trop grand pour sa constitution s'affaisse et périt écrasé sous son propre poids.

D'un autre côté, l'État doit se donner une certaine
base pour avoir de la solidité, pour résister aux
secousses qu'il ne manquera pas d'éprouver et aux
efforts qu'il sera contraint de faire pour se soutenir :
car tous les peuples ont une espèce de force centrifuge,
par laquelle ils agissent continuellement les uns contre
les autres et tendent à s'agrandir aux dépens de leurs
voisins, comme les tourbillons de Descartes. Ainsi les
faibles risquent d'être bientôt engloutis, et nul ne peut
guère se conserver qu'en se mettant avec tous dans une
espèce d'équilibre, qui rende la compression partout
à peu près égale.

On voit par là qu'il y a des raisons de s'étendre et
des raisons de se resserrer, et ce n'est pas le moindre
talent du politique de trouver, entre les unes et les
autres, la proportion la plus avantageuse à la conserva-

tion de l'État. On peut dire en général que les premières, n'étant qu'extérieures et relatives, doivent être subordonnées aux autres, qui sont internes et absolues; une saine et forte constitution est la première chose qu'il faut rechercher, et l'on doit plus compter sur la vigueur qui naît d'un bon gouvernement que sur les ressources que fournit un grand territoire.

Au reste, on a vu des États tellement constitués que la nécessité des conquêtes entrait dans leur constitution même, et que pour se maintenir ils étaient forcés de s'agrandir sans cesse. Peut-être se félicitaient-ils beaucoup de cette heureuse nécessité, qui leur montrait pourtant, avec le terme de leur grandeur, l'inévitable moment de leur chute.

CHAPITRE X

SUITE

On peut mesurer un corps politique de deux manières; savoir, par l'étendue du territoire, et par le nombre du peuple, et il y a, entre l'une et l'autre de ces mesures, un rapport convenable pour donner à l'État sa véritable grandeur. Ce sont les hommes qui font l'État, et c'est le terrain qui nourrit les hommes; ce rapport est donc que la terre suffise à l'entretien de ses habitants, et qu'il y ait autant d'habitants que la terre en peut nourrir. C'est dans cette proportion que se trouve le *maximum* de force d'un nombre donné de peuple; car s'il y a du terrain de trop, la garde en est onéreuse, la culture insuffisante, le produit superflu; c'est la cause prochaine des guerres défensives; s'il n'y en a pas assez, l'État se trouve pour le supplément à la discrétion de ses voisins; c'est la cause prochaine des guerres offensives. Tout peuple qui n'a par sa position que l'alternative entre le commerce ou la guerre est faible en lui-même; il dépend de ses voisins, il dépend des événements; il n'a jamais qu'une existence incertaine et courte. Il subjugue et change de situation, ou il est subjugué et n'est rien. Il ne peut se conserver libre qu'à force de petitesse ou de grandeur.

On ne peut donner en calcul un rapport fixe entre l'étendue de terre et le nombre d'hommes qui se suffisent l'un à l'autre; tant à cause des différences qui se trouvent dans les qualités du terrain, dans ses degrés de fertilité, dans la nature de ses productions, dans l'influence des climats, que de celles qu'on remarque dans les tempéraments des hommes qui les habitent, dont les uns consomment peu dans un pays fertile, les autres beaucoup sur un sol ingrat. Il faut encore avoir égard à la plus grande ou moindre fécondité des femmes, à ce que le pays peut avoir de plus ou moins favorable à la population, à la quantité dont le législateur peut espérer d'y concourir par ses établissements; de sorte qu'il ne doit pas fonder son jugement sur ce qu'il voit mais sur ce qu'il prévoit, ni s'arrêter autant à l'état actuel de la population qu'à celui où elle doit naturellement parvenir. Enfin il y a mille occasions où les accidents particuliers du lieu exigent ou permettent qu'on embrasse plus de terrain qu'il ne paraît nécessaire. Ainsi l'on s'étendra beaucoup dans un pays de montagnes, où les productions naturelles, savoir, les bois, les pâturages, demandent moins de travail, où l'expérience apprend que les femmes sont plus fécondes que dans les plaines, et où un grand sol incliné ne donne qu'une petite base horizontale, la seule qu'il faut compter pour la végétation. Au contraire, on peut se resserrer au bord de la mer, même dans des rochers et des sables presque stériles; parce que la pêche y peut suppléer en grande partie aux productions de la terre, que les hommes doivent être plus rassemblés pour repousser les pirates, et qu'on a d'ailleurs plus de facilité pour délivrer le pays, par les colonies, des habitants dont il est surchargé.

A ces conditions pour instituer un peuple, il en faut ajouter une qui ne peut suppléer à nulle autre, mais sans laquelle elles sont toutes inutiles; c'est qu'on jouisse de l'abondance de la paix; car le temps où s'ordonne un État est, comme celui où se forme un

bataillon, l'instant où le corps est le moins capable
de résistance et le plus facile à détruire. On résisterait
mieux dans un désordre absolu que dans un moment
de fermentation, où chacun s'occupe de son rang et
non du péril. Qu'une guerre, une famine, une sédition
survienne en ce temps de crise, l'État est infailliblement
renversé.

Ce n'est pas qu'il n'y ait beaucoup de gouvernements
établis durant ces orages; mais alors ce sont ces gouvernements mêmes qui détruisent l'État. Les usurpateurs
amènent ou choisissent toujours ces temps de troubles
pour faire passer, à la faveur de l'effroi public, des
lois destructives que le peuple n'adopterait jamais de
sang-froid. Le choix du moment de l'institution est
un des caractères les plus sûrs par lesquels on peut
distinguer l'œuvre du législateur d'avec celle du tyran.

Quel peuple est donc propre à la législation? Celui
qui, se trouvant déjà lié par quelque union d'origine,
d'intérêt ou de convention, n'a point encore porté
le vrai joug des lois; celui qui n'a ni coutumes ni
superstitions bien enracinées; celui qui ne craint pas
d'être accablé par une invasion subite, qui, sans entrer
dans les querelles de ses voisins, peut résister seul à
chacun d'eux, ou s'aider de l'un pour repousser
l'autre; celui dont chaque membre peut être connu
de tous, et où l'on n'est point forcé de charger un
homme d'un plus grand fardeau qu'un homme ne
peut porter; celui qui peut se passer des autres peuples
et dont tout autre peuple peut se passer*; celui qui
n'est ni riche ni pauvre et peut se suffire à lui-même;
enfin celui qui réunit la consistance d'un ancien peuple
avec la docilité d'un peuple nouveau. Ce qui rend

---

* Si de deux peuples voisins l'un ne pouvait se passer de
l'autre, ce serait une situation très dure pour le premier et très
dangereuse pour le second. Toute nation sage, en pareil cas,
s'efforcera bien vite de délivrer l'autre de cette dépendance. La
République de Thlascala enclavée dans l'empire du Mexique
aima mieux se passer de sel que d'en acheter des Mexicains,
et même que d'en accepter gratuitement. Les sages Thlascalans
virent le piège caché sous cette libéralité. Ils se conservèrent
libres, et ce petit État, enfermé dans ce grand empire, fut enfin
l'instrument de sa ruine.

pénible l'ouvrage de la législation est moins ce qu'il
faut établir que ce qu'il faut détruire ; et ce qui rend
le succès si rare, c'est l'impossibilité de trouver la
simplicité de la nature jointe aux besoins de la société.
Toutes ces conditions, il est vrai, se trouvent difficilement rassemblées. Aussi voit-on peu d'États bien
constitués.

Il est encore en Europe un pays capable de législation ; c'est l'île de Corse. La valeur et la constance
avec laquelle ce brave peuple a su recouvrer et défendre
sa liberté mériterait bien que quelque homme sage lui
apprît à la conserver. J'ai quelque pressentiment qu'un
jour cette petite île étonnera l'Europe.

CHAPITRE XI

DES DIVERS SYSTÈMES DE LÉGISLATION

Si l'on recherche en quoi consiste précisément le
plus grand bien de tous, qui doit être la fin de tout
système de législation, on trouvera qu'il se réduit à ces
deux objets principaux, la *liberté* et l'*égalité*. La
liberté, parce que toute dépendance particulière est
autant de force ôtée au corps de l'État ; l'égalité,
parce que la liberté ne peut subsister sans elle.

J'ai déjà dit ce que c'est que la liberté civile ; à
l'égard de l'égalité, il ne faut pas entendre par ce mot
que les degrés de puissance et de richesse soient absolument les mêmes, mais que, quant à la puissance, elle
soit au-dessous de toute violence et ne s'exerce jamais
qu'en vertu du rang et des lois, et, quant à la richesse,
que nul citoyen ne soit assez opulent pour en pouvoir
acheter un autre, et nul assez pauvre pour être contraint
de se vendre. Ce qui suppose du côté des grands modération de biens et de crédit, et du côté des petits, modération d'avarice et de convoitise*.

---

* Voulez-vous donc donner à l'État de la consistance ?
rapprochez les degrés extrêmes autant qu'il est possible : ne
souffrez ni des gens opulents ni des gueux. Ces deux états,

Cette égalité, disent-ils, est une chimère de spéculation qui ne peut exister dans la pratique. Mais si l'abus
est inévitable, s'ensuit-il qu'il ne faille pas au moins le
régler? C'est précisément parce que la force des choses
tend toujours à détruire l'égalité que la force de la
législation doit toujours tendre à la maintenir.

Mais ces objets généraux de toute bonne institution
doivent être modifiés en chaque pays par les rapports
qui naissent, tant de la situation locale que du caractère des habitants, et c'est sur ces rapports qu'il faut
assigner à chaque peuple un système particulier
d'institution qui soit le meilleur, non peut-être en
lui-même, mais pour l'État auquel il est destiné. Par
exemple le sol est-il ingrat et stérile, ou le pays trop
serré pour les habitants? Tournez-vous du côté de
l'industrie et des arts, dont vous échangerez les
productions contre les denrées qui vous manquent.
Au contraire, occupez-vous de riches plaines et des
coteaux fertiles? Dans un bon terrain, manquez-vous
d'habitants? Donnez tous vos soins à l'agriculture qui
multiplie les hommes, et chassez les arts qui ne feraient
qu'achever de dépeupler le pays, en attroupant sur
quelques points du territoire le peu d'habitants qu'il
a*. Occupez-vous des rivages étendus et commodes?
Couvrez la mer de vaisseaux, cultivez le commerce et
la navigation; vous aurez une existence brillante et
courte. La mer ne baigne-t-elle sur vos côtes que des
rochers presque inaccessibles? Restez barbares et
ichtyophages; vous en vivrez plus tranquilles, meilleurs
peut-être, et sûrement plus heureux. En un mot, outre
les maximes communes à tous, chaque peuple renferme
en lui quelque cause qui les ordonne d'une manière

naturellement inséparables, sont également funestes au bien
commun; de l'un sortent les fauteurs de la tyrannie et de l'autre
les tyrans; c'est toujours entre eux que se fait le trafic de la
liberté publique; l'un l'achète et l'autre la vend.
   * Quelque branche de commerce extérieur, dit le M[arquis]
d'A[rgenson], ne répand guère qu'une fausse utilité pour un
royaume en général; elle peut enrichir quelques particuliers,
même quelques villes, mais la nation entière n'y gagne rien, et le
peuple n'en est pas mieux.

particulière et rend sa législation propre à lui seul. C'est ainsi qu'autrefois les Hébreux et récemment les Arabes ont eu pour principal objet la religion, les Athéniens les lettres, Carthage et Tyr le commerce, Rhodes la marine, Sparte la guerre, et Rome la vertu. L'auteur de *L'Esprit des lois* a montré dans des foules d'exemples par quel art le législateur dirige l'institution vers chacun de ces objets.

Ce qui rend la constitution d'un État véritablement solide et durable, c'est quand les convenances sont tellement observées que les rapports naturels et les lois tombent toujours de concert sur les mêmes points, et que celles-ci ne font, pour ainsi dire, qu'assurer, accompagner, rectifier les autres. Mais si le législateur, se trompant dans son objet, prend un principe différent de celui qui naît de la nature des choses, que l'un tende à la servitude et l'autre à la liberté, l'un aux richesses, l'autre à la population, l'un à la paix, l'autre aux conquêtes, on verra les lois s'affaiblir insensiblement, la constitution s'altérer, et l'État ne cessera d'être agité jusqu'à ce qu'il soit détruit ou changé, et que l'invincible nature ait repris son empire.

CHAPITRE XII

DIVISION DES LOIS

Pour ordonner le tout, ou donner la meilleure forme possible à la chose publique, il y a diverses relations à considérer. Premièrement l'action du corps entier agissant sur lui-même, c'est-à-dire le rapport du tout au tout, ou du souverain à l'État, et ce rapport est composé de celui des termes intermédiaires, comme nous le verrons ci-après.

Les lois qui règlent ce rapport portent le nom de lois politiques, et s'appellent aussi lois fondamentales, non sans quelque raison si ces lois sont sages. Car s'il n'y a dans chaque État qu'une bonne manière de l'ordonner, le peuple qui l'a trouvée doit s'y tenir : mais si l'ordre établi est mauvais, pourquoi prendrait-on pour fondamentales des lois qui l'empêchent d'être bon? D'ailleurs, en tout état de cause, un peuple est toujours le maître de changer ses lois, même les meilleures; car s'il lui plaît de se faire mal à lui-même, qui est-ce qui a droit de l'en empêcher?

La seconde relation est celle des membres entre eux ou avec le corps entier, et ce rapport doit être au premier égard aussi petit et au second aussi grand qu'il est possible : en sorte que chaque citoyen soit dans une parfaite indépendance de tous les autres, et dans une excessive dépendance de la Cité; ce qui se fait toujours par les mêmes moyens; car il n'y a que la force de l'État qui fasse la liberté de ses membres. C'est de ce deuxième rapport que naissent les lois civiles.

On peut considérer une troisième sorte de relation entre l'homme et la loi, savoir celle de la désobéissance à la peine, et celle-ci donne lieu à l'établissement des lois criminelles, qui dans le fond sont moins une espèce particulière de lois que la sanction de toutes les autres.

A ces trois sortes de lois, il s'en joint une quatrième, la plus importante de toutes; qui ne se grave ni sur le marbre ni sur l'airain, mais dans les cœurs des citoyens; qui fait la véritable constitution de l'État; qui prend tous les jours de nouvelles forces; qui, lorsque les autres lois vieillissent ou s'éteignent, les ranime ou les supplée, conserve un peuple dans l'esprit de son institution, et substitue insensiblement la force de l'habitude à celle de l'autorité. Je parle des mœurs, des coutumes, et surtout de l'opinion; partie inconnue à nos politiques, mais de laquelle dépend le succès de toutes les autres : partie dont le grand législateur s'occupe en secret, tandis qu'il paraît se borner à des règlements particuliers qui ne sont que le cintre de la voûte, dont les mœurs, plus lentes à naître, forment enfin l'inébranlable clef.

Entre ces diverses classes, les lois politiques, qui constituent la forme du gouvernement, sont la seule relative à mon sujet.

Fin du Livre deuxième

LIVRE III

Avant de parler des diverses formes de gouvernement, tâchons de fixer le sens précis de ce mot, qui
n'a pas encore été fort bien expliqué.

CHAPITRE PREMIER

J'avertis le lecteur que ce chapitre doit être lu posément, et que je ne sais pas l'art d'être clair pour qui ne veut pas être attentif.

Toute action libre a deux causes qui concourent à la produire, l'une morale, savoir la volonté qui détermine l'acte, l'autre physique, savoir la puissance qui l'exécute. Quand je marche vers un objet, il faut premièrement que j'y veuille aller; en second lieu, que mes pieds m'y portent. Qu'un paralytique veuille courir, qu'un homme agile ne le veuille pas, tous deux resteront en place. Le corps politique a les mêmes mobiles; on y distingue de même la force et la volonté, celle-ci sous le nom de *puissance législative*, l'autre sous le nom de *puissance exécutive*. Rien ne s'y fait ou ne s'y doit faire sans leur concours.

Nous avons vu que la puissance législative appartient au peuple, et ne peut appartenir qu'à lui. Il est aisé de voir au contraire, par les principes ci-devant établis, que la puissance exécutive ne peut appartenir à la généralité comme législatrice ou souveraine; parce que cette puissance ne consiste qu'en des actes particuliers qui ne sont point du ressort de la loi, ni par conséquent de celui du souverain, dont tous les actes ne peuvent être que des lois.

Il faut donc à la force publique un agent propre qui la réunisse et la mette en œuvre selon les directions de la volonté générale, qui serve à la communication de l'État et du souverain, qui fasse en quelque sorte dans la personne publique ce que fait dans l'homme l'union de l'âme et du corps. Voilà quelle est dans l'État la raison du gouvernement, confondu mal à propos avec le souverain, dont il n'est que le ministre.

Qu'est-ce donc que le gouvernement? Un corps intermédiaire établi entre les sujets et le souverain pour leur mutuelle correspondance, chargé de l'exécution des lois et du maintien de la liberté, tant civile que politique.

Les membres de ce corps s'appellent magistrats ou *rois*, c'est-à-dire *gouverneurs*, et le corps entier porte le nom de *prince**. Ainsi ceux qui prétendent que l'acte par lequel un peuple se soumet à des chefs n'est point un contrat ont grande raison. Ce n'est absolument qu'une commission, un emploi dans lequel, simples officiers du souverain, ils exercent en son nom le pouvoir dont il les a faits dépositaires, et qu'il peut limiter, modifier et reprendre quand il lui plaît, l'aliénation d'un tel droit étant incompatible avec la nature du corps social, et contraire au but de l'association.

J'appelle donc *gouvernement* ou suprême administration l'exercice légitime de la puissance exécutive, et prince ou magistrat l'homme ou le corps chargé de cette administration.

C'est dans le gouvernement que se trouvent les forces intermédiaires, dont les rapports composent celui du tout au tout ou du souverain à l'État. On peut représenter ce dernier rapport par celui des extrêmes d'une proportion continue, dont la moyenne proportionnelle est le gouvernement. Le gouvernement reçoit du souverain les ordres qu'il donne au peuple, et pour que l'État soit dans un bon équilibre il faut, tout compensé, qu'il y ait égalité entre le produit ou la puissance du gouvernement pris en lui-même et le produit ou la puissance des citoyens, qui sont souverains d'un côté et sujets de l'autre.

De plus, on ne saurait altérer aucun des trois termes sans rompre à l'instant la proportion. Si le souverain

---

*   C'est ainsi qu'à Venise on donne au collège le nom de *sérénissime Prince*, même quand le Doge n'y assiste pas.

veut gouverner, ou si le magistrat veut donner des lois, ou si les sujets refusent d'obéir, le désordre succède à la règle, la force et la volonté n'agissent plus de concert, et l'État dissous tombe ainsi dans le despotisme ou dans l'anarchie. Enfin comme il n'y a qu'une moyenne proportionnelle entre chaque rapport, il n'y a non plus qu'un bon gouvernement possible dans un État. Mais comme mille événements peuvent changer les rapports d'un peuple, non seulement différents gouvernements peuvent être bons à divers peuples, mais au même peuple en différents temps.

Pour tâcher de donner une idée des divers rapports qui peuvent régner entre ces deux extrêmes, je prendrai pour exemple le nombre du peuple, comme un rapport plus facile à exprimer.

Supposons que l'État soit composé de dix mille citoyens. Le souverain ne peut être considéré que collectivement et en corps. Mais chaque particulier en qualité de sujet est considéré comme individu. Ainsi le souverain est au sujet comme dix mille est à un. C'est-à-dire que chaque membre de l'État n'a pour sa part que la dix millième partie de l'autorité souveraine, quoiqu'il lui soit soumis tout entier. Que le peuple soit composé de cent mille hommes, l'état des sujets ne change pas, et chacun porte également tout l'empire des lois, tandis que son suffrage, réduit à un cent millième, a dix fois moins d'influence dans leur rédaction. Alors le sujet restant toujours un, le rapport du souverain augmente en raison du nombre des citoyens. D'où il suit que plus l'État s'agrandit, plus la liberté diminue.

Quand je dis que le rapport augmente, j'entends qu'il s'éloigne de l'égalité. Ainsi plus le rapport est grand dans l'acception des géomètres, moins il y a de rapport dans l'acception commune; dans la première le rapport considéré selon la quantité se mesure par l'exposant, et dans l'autre, considéré selon l'identité, il s'estime par la similitude.

Or moins les volontés particulières se rapportent à la volonté générale, c'est-à-dire les mœurs aux lois, plus la force réprimante doit augmenter. Donc le gouvernement, pour être bon, doit être relativement plus fort à mesure que le peuple est plus nombreux.

D'un autre côté, l'agrandissement de l'État donnant aux dépositaires de l'autorité publique plus de tentations et de moyens d'abuser de leur pouvoir, plus le gouvernement doit avoir de force pour contenir le peuple, plus le souverain doit en avoir à son tour pour contenir le gouvernement. Je ne parle pas ici d'une force absolue, mais de la force relative des diverses parties de l'État.

Il suit de ce double rapport que la proportion continue entre le souverain, le prince et le peuple n'est point une idée arbitraire, mais une conséquence nécessaire de la nature du corps politique. Il suit encore que l'un des extrêmes, savoir le peuple comme sujet, étant fixe et représenté par l'unité, toutes les fois que la raison doublée augmente ou diminue, la raison simple augmente ou diminue semblablement, et que par conséquent le moyen terme est changé. Ce qui fait voir qu'il n'y a pas une constitution de gouvernement unique et absolue, mais qu'il peut y avoir autant de gouvernements différents en nature que d'États différents en grandeur.

Si, tournant ce système en ridicule, on disait que pour trouver cette moyenne proportionnelle et former le corps du gouvernement il ne faut, selon moi, que tirer la racine carrée du nombre du peuple, je répondrais que je ne prends ici ce nombre que pour un exemple, que les rapports dont je parle ne se mesurent pas seulement par le nombre des hommes, mais en général par la quantité d'action, laquelle se combine par des multitudes de causes, qu'au reste si, pour m'exprimer en moins de paroles, j'emprunte un moment des termes de géométrie, je n'ignore pas, cependant, que la précision géométrique n'a point lieu dans les quantités morales.

Le gouvernement est en petit ce que le corps politique qui le renferme est en grand. C'est une personne morale douée de certaines facultés, active comme le souverain, passive comme l'État, et qu'on peut décomposer en d'autres rapports semblables, d'où naît par conséquent une nouvelle proportion, une autre encore dans celle-ci selon l'ordre des tribunaux, jusqu'à ce qu'on arrive à un moyen terme indivisible, c'est-à-dire à un seul chef ou magistrat suprême, qu'on peut se représenter au milieu de cette progression, comme l'unité entre la série des fractions et celle des nombres.

Sans nous embarrasser dans cette multiplication de termes, contentons-nous de considérer le gouvernement comme un nouveau corps dans l'État, distinct du peuple et du souverain, et intermédiaire entre l'un et l'autre.

Il y a cette différence essentielle entre ces deux corps, que l'État existe par lui-même, et que le gouvernement n'existe que par le souverain. Ainsi la volonté dominante du prince n'est ou ne doit être que la volonté générale ou la loi, sa force n'est que la force publique concentrée en lui, sitôt qu'il veut tirer de lui-même quelque acte absolu et indépendant, la liaison du tout commence à se relâcher. S'il arrivait enfin que le prince eût une volonté particulière plus active que celle du souverain, et qu'il usât pour obéir à cette volonté particulière de la force publique qui est dans ses mains, en sorte qu'on eût, pour ainsi dire, deux souverains, l'un de droit et l'autre de fait; à l'instant l'union sociale s'évanouirait, et le corps politique serait dissous.

Cependant pour que le corps du gouvernement ait une existence, une vie réelle qui le distingue du corps de l'État, pour que tous ses membres puissent agir de concert et répondre à la fin pour laquelle il est institué, il lui faut un *moi* particulier, une sensibilité commune à ses membres, une force, une volonté propre qui tende à sa conservation. Cette existence particulière suppose des assemblées, des conseils, un pouvoir de délibérer, de résoudre, des droits, des titres, des privilèges qui appartiennent au prince exclusivement, et qui rendent la condition du magistrat plus honorable à proportion qu'elle est plus pénible. Les difficultés sont dans la manière d'ordonner dans le tout ce tout subalterne, de sorte qu'il n'altère point la constitution générale en affermissant la sienne, qu'il distingue toujours sa force particulière destinée à sa propre conservation de la force publique destinée à la conservation de l'État, et qu'en un mot il soit toujours prêt à sacrifier le gouvernement au peuple et non le peuple au gouvernement.

D'ailleurs, bien que le corps artificiel du gouvernement soit l'ouvrage d'un autre corps artificiel, et qu'il n'ait en quelque sorte qu'une vie empruntée et subordonnée, cela n'empêche pas qu'il ne puisse agir avec plus ou moins de vigueur ou de célérité, jouir, pour ainsi dire, d'une santé plus ou moins robuste. Enfin, sans s'éloigner directement du but de son institution, il peut s'en écarter plus ou moins, selon la manière dont il est constitué.

C'est de toutes ces différences que naissent les rapports divers que le gouvernement doit avoir avec le corps de l'État, selon les rapports accidentels et particuliers par lesquels ce même État est modifié. Car souvent le gouvernement le meilleur en soi deviendra le plus vicieux, si ses rapports ne sont altérés selon les défauts du corps politique auquel il appartient.

CHAPITRE II

DU PRINCIPE QUI CONSTITUE
LES DIVERSES FORMES DE GOUVERNEMENT

Pour exposer la cause générale de ces différences, il faut distinguer ici le prince et le gouvernement, comme j'ai distingué ci-devant l'État et le souverain.

Le corps du magistrat peut être composé d'un plus grand ou moindre nombre de membres. Nous avons dit que le rapport du souverain aux sujets était d'autant plus grand que le peuple était plus nombreux, et par une évidente analogie nous en pouvons dire autant du gouvernement à l'égard des magistrats.

Or la force totale du gouvernement, étant toujours celle de l'État, ne varie point : d'où il suit que plus il use de cette force sur ses propres membres, moins il lui en reste pour agir sur tout le peuple.

Donc plus les magistrats sont nombreux, plus le gouvernement est faible. Comme cette maxime est fondamentale, appliquons-nous à la mieux éclaircir.

Nous pouvons distinguer dans la personne du magistrat trois volontés essentiellement différentes. Premièrement la volonté propre de l'individu, qui ne tend qu'à son avantage particulier; secondement la volonté commune des magistrats, qui se rapporte uniquement à l'avantage du prince, et qu'on peut appeler volonté de corps, laquelle est générale par rapport au gouvernement, et particulière par rapport à l'État, dont le gouvernement fait partie; en troisième lieu, la volonté du peuple ou la volonté souveraine, laquelle est générale, tant par rapport à l'État considéré comme le tout que par rapport au gouvernement considéré comme partie du tout.

Dans une législation parfaite, la volonté particulière ou individuelle doit être nulle, la volonté de corps propre au gouvernement très subordonnée, et par conséquent la volonté générale ou souveraine toujours dominante et la règle unique de toutes les autres.

Selon l'ordre naturel, au contraire, ces différentes volontés deviennent plus actives à mesure qu'elles se concentrent. Ainsi la volonté générale est toujours la plus faible, la volonté de corps a le second rang, et la volonté particulière le premier de tous : de sorte que dans le gouvernement chaque membre est premièrement soi-même, et puis magistrat, et puis citoyen. Gradation directement opposée à celle qu'exige l'ordre social.

Cela posé, que tout le gouvernement soit entre les mains d'un seul homme. Voilà la volonté particulière et la volonté de corps parfaitement réunies, et par conséquent celle-ci au plus haut degré d'intensité qu'elle puisse avoir. Or comme c'est du degré de la volonté que dépend l'usage de la force, et que la force absolue du gouvernement ne varie point, il s'ensuit que le plus actif des gouvernements est celui d'un seul.

Au contraire, unissons le gouvernement à l'autorité

législative; faisons le prince du souverain, et de tous les citoyens autant de magistrats. Alors la volonté de corps, confondue avec la volonté générale, n'aura pas plus d'activité qu'elle, et laissera la volonté particulière dans toute sa force. Ainsi le gouvernement, toujours avec la même force absolue, sera dans son *minimum* de force relative ou d'activité.

Ces rapports sont incontestables, et d'autres considérations servent encore à les confirmer. On voit, par exemple, que chaque magistrat est plus actif dans son corps que chaque citoyen dans le sien, et que par conséquent la volonté particulière a beaucoup plus d'influence dans les actes du gouvernement que dans ceux du souverain; car chaque magistrat est presque toujours chargé de quelque fonction du gouvernement, au lieu que chaque citoyen pris à part n'a aucune fonction de la souveraineté. D'ailleurs, plus l'État s'étend, plus sa force réelle augmente, quoiqu'elle n'augmente pas en raison de son étendue : mais l'État restant le même, les magistrats ont beau se multiplier, le gouvernement n'en acquiert pas une plus grande force réelle, parce que cette force est celle de l'État, dont la mesure est toujours égale. Ainsi la force relative ou l'activité du gouvernement diminue, sans que sa force absolue ou réelle puisse augmenter.

Il est sûr encore que l'expédition des affaires devient plus lente à mesure que plus de gens en sont chargés, qu'en donnant trop à la prudence on ne donne pas assez à la fortune, qu'on laisse échapper l'occasion, et qu'à force de délibérer on perd souvent le fruit de la délibération.

Je viens de prouver que le gouvernement se relâche à mesure que les magistrats se multiplient, et j'ai prouvé ci-devant que plus le peuple est nombreux, plus la force réprimante doit augmenter. D'où il suit que le rapport des magistrats au gouvernement doit être inverse du rapport des sujets au souverain. C'est-à-dire que, plus l'État s'agrandit, plus le gouvernement doit se resserrer; tellement que le nombre des chefs diminue en raison de l'augmentation du peuple.

Au reste je ne parle ici que de la force relative du

gouvernement, et non de sa rectitude. Car, au contraire, plus le magistrat est nombreux, plus la volonté de corps se rapproche de la volonté générale ; au lieu que sous un magistrat unique cette même volonté de corps n'est, comme je l'ai dit, qu'une volonté particulière. Ainsi l'on perd d'un côté ce qu'on peut gagner de l'autre, et l'art du législateur est de savoir fixer le point où la force et la volonté du gouvernement, toujours en proportion réciproque, se combinent dans le rapport le plus avantageux à l'État.

CHAPITRE III

DIVISION DES GOUVERNEMENTS

On a vu dans le chapitre précédent pourquoi l'on distingue les diverses espèces ou formes de gouvernement par le nombre des membres qui les composent ; il reste à voir dans celui-ci comment se fait cette division.

Le souverain peut, en premier lieu, commettre le dépôt du gouvernement à tout le peuple ou à la plus grande partie du peuple, en sorte qu'il y ait plus de citoyens magistrats que de citoyens simples particuliers. On donne à cette forme de gouvernement le nom de *Démocratie*.

Ou bien il peut resserrer le gouvernement entre les mains d'un petit nombre, en sorte qu'il y ait plus de simples citoyens que de magistrats, et cette forme porte le nom d'*Aristocratie*.

Enfin il peut concentrer tout le gouvernement dans les mains d'un magistrat unique dont tous les autres tiennent leur pouvoir. Cette troisième forme est la plus commune, et s'appelle *Monarchie* ou gouvernement royal.

On doit remarquer que toutes ces formes ou du moins les deux premières sont susceptibles de plus ou de moins, et ont même une assez grande latitude ; car la Démocratie peut embrasser tout le peuple ou se resserrer jusqu'à la moitié. L'Aristocratie à son tour peut de la moitié du peuple se resserrer jusqu'au plus petit nombre indéterminément. La Royauté même est susceptible de quelque partage. Sparte eut constamment deux Rois par sa constitution, et l'on a vu dans l'Empire romain jusqu'à huit empereurs à la fois, sans qu'on pût dire que l'Empire fût divisé. Ainsi il y a un point où chaque forme de gouvernement se confond avec la suivante, et l'on voit que sous trois seules dénominations le gouvernement est réellement susceptible d'autant de formes diverses que l'État a de citoyens.

Il y a plus : ce même gouvernement pouvant à certains égards se subdiviser en d'autres parties, l'une administrée d'une manière et l'autre d'une autre, il peut résulter de ces trois formes combinées une multitude de formes mixtes, dont chacune est multipliable par toutes les formes simples.

On a de tous temps beaucoup disputé sur la meilleure forme de gouvernement, sans considérer que chacune d'elles est la meilleure en certains cas, et la pire en d'autres.

Si dans les différents États le nombre des magistrats suprêmes doit être en raison inverse de celui des citoyens, il s'ensuit qu'en général le gouvernement démocratique convient aux petits États, l'aristocratique aux médiocres, et le monarchique aux grands. Cette règle se tire immédiatement du principe ; mais comment compter la multitude de circonstances qui peuvent fournir des exceptions ?

CHAPITRE IV

DE LA DÉMOCRATIE

Celui qui fait la loi sait mieux que personne comment elle doit être exécutée et interprétée. Il semble donc qu'on ne saurait avoir une meilleure constitution que celle où le pouvoir exécutif est joint au législatif. Mais c'est cela même qui rend ce gouvernement insuffisant à certains égards, parce que les choses qui doivent être distinguées ne le sont pas, et que le prince et le souverain n'étant que la même personne, ne forment, pour ainsi dire, qu'un gouvernement sans gouvernement.

Il n'est pas bon que celui qui fait les lois les exécute, ni que le corps du peuple détourne son attention des vues générales, pour la donner aux objets particuliers. Rien n'est plus dangereux que l'influence des intérêts privés dans les affaires publiques, et l'abus des lois par le gouvernement est un mal moindre que la corruption du législateur, suite infaillible des vues particulières. Alors l'État étant altéré dans sa substance, toute réforme devient impossible. Un peuple qui n'abuserait jamais du gouvernement n'abuserait pas non plus de l'indépendance; un peuple qui gouvernerait toujours bien n'aurait pas besoin d'être gouverné.

A prendre le terme dans la rigueur de l'acception, il n'a jamais existé de véritable démocratie, et il n'en existera jamais. Il est contre l'ordre naturel que le grand nombre gouverne et que le petit soit gouverné. On ne peut imaginer que le peuple reste incessamment assemblé pour vaquer aux affaires publiques, et l'on voit aisément qu'il ne saurait établir pour cela des commissions sans que la forme de l'administration change.

En effet, je crois pouvoir poser en principe que quand les fonctions du gouvernement sont partagées entre plusieurs tribunaux, les moins nombreux acquièrent tôt ou tard la plus grande autorité; ne fût-ce qu'à cause de la facilité d'expédier les affaires, qui les y amène naturellement.

D'ailleurs que de choses difficiles à réunir ne suppose pas ce gouvernement? Premièrement un État très petit où le peuple soit facile à rassembler et où chaque citoyen puisse aisément connaître tous les autres; secondement une grande simplicité de mœurs qui prévienne la multitude d'affaires et les discussions épineuses; ensuite beaucoup d'égalité dans les rangs et dans les fortunes, sans quoi l'égalité ne saurait subsister longtemps dans les droits et l'autorité;

enfin peu ou point de luxe ; car, ou le luxe est l'effet
des richesses, ou il les rend nécessaires ; il corrompt à
la fois le riche et le pauvre, l'un par la possession,
l'autre par la convoitise ; il vend la patrie à la mollesse,
à la vanité ; il ôte à l'État tous ses citoyens pour les
asservir les uns aux autres, et tous à l'opinion.

Voilà pourquoi un auteur célèbre a donné la vertu
pour principe à la République ; car toutes ces conditions ne sauraient subsister sans la vertu : mais faute
d'avoir fait les distinctions nécessaires, ce beau génie
a manqué souvent de justesse, quelquefois de clarté,
et n'a pas vu que, l'autorité souveraine étant partout
la même, le même principe doit avoir lieu dans tout
État bien constitué, plus ou moins, il est vrai, selon la
forme du gouvernement.

Ajoutons qu'il n'y a pas de gouvernement si sujet
aux guerres civiles et aux agitations intestines que le
démocratique ou populaire, parce qu'il n'y en a
aucun qui tende si fortement et si continuellement
à changer de forme, ni qui demande plus de vigilance
et de courage pour être maintenu dans la sienne.
C'est surtout dans cette constitution que le citoyen
doit s'armer de force et de constance, et dire chaque
jour de sa vie au fond de son cœur ce que disait un
vertueux Palatin* dans la Diète de Pologne : *Malo
periculosam libertatem quam quietum servitium.*

S'il y avait un peuple de dieux, il se gouvernerait
démocratiquement. Un gouvernement si parfait ne
convient pas à des hommes.

CHAPITRE V

DE L'ARISTOCRATIE

Nous avons ici deux personnes morales très dis-
tinctes, savoir le gouvernement et le souverain, et par

---

* Le Palatin de Posnanie, père du roi de Pologne, duc de
Lorraine.

conséquent deux volontés générales, l'une par rapport
à tous les citoyens, l'autre seulement pour les membres
de l'administration. Ainsi, bien que le gouvernement
puisse régler sa police intérieure comme il lui plaît,
il ne peut jamais parler au peuple qu'au nom du
souverain, c'est-à-dire au nom du peuple même; ce
qu'il ne faut jamais oublier.

Les premières sociétés se gouvernèrent aristocrati-
quement. Les chefs des familles délibéraient entre eux
des affaires publiques. Les jeunes gens cédaient sans
peine à l'autorité de l'expérience. De là les noms de
prêtres, d'*anciens*, de *sénat*, de *gérontes*. Les sauvages
de l'Amérique septentrionale se gouvernent encore
ainsi de nos jours, et sont très bien gouvernés.

Mais à mesure que l'inégalité d'institution l'emporta
sur l'inégalité naturelle, la richesse ou la puissance*
fut préférée à l'âge, et l'aristocratie devint élective.
Enfin la puissance transmise avec les biens du père
aux enfants rendant les familles patriciennes rendit le
gouvernement héréditaire, et l'on vit des sénateurs de
vingt ans.

Il y a donc trois sortes d'aristocratie; naturelle,
élective, héréditaire. La première ne convient qu'à des
peuples simples; la troisième est le pire de tous les
gouvernements. La deuxième est le meilleur : c'est
l'aristocratie proprement dite.

Outre l'avantage de la distinction des deux pouvoirs,
elle a celui du choix de ses membres; car dans le
gouvernement populaire tous les citoyens naissent
magistrats, mais celui-ci les borne à un petit nombre,
et ils ne le deviennent que par élection**; moyen par
lequel la probité, les lumières, l'expérience, et toutes

---

* Il est clair que le mot *Optimates* chez les Anciens ne veut pas
dire les meilleurs, mais les plus puissants.

** Il importe beaucoup de régler par des lois la forme de l'élec-
tion des magistrats : car en l'abandonnant à la volonté du prince
on ne peut éviter de tomber dans l'aristocratie héréditaire,
comme il est arrivé aux républiques de Venise et de Berne. Aussi
la première est-elle depuis longtemps un État dissous, mais la
seconde se maintient par l'extrême sagesse de son Sénat; c'est
une exception bien honorable et bien dangereuse.

les autres raisons de préférence et d'estime publique, sont autant de nouveaux garants qu'on sera sagement gouverné.

De plus, les assemblées se font plus commodément, les affaires se discutent mieux, s'expédient avec plus d'ordre et de diligence, le crédit de l'État est mieux soutenu chez l'étranger par de vénérables sénateurs que par une multitude inconnue ou méprisée.

En un mot, c'est l'ordre le meilleur et le plus naturel que les plus sages gouvernent la multitude, quand on est sûr qu'ils la gouverneront pour son profit et non pour le leur; il ne faut point multiplier en vain les ressorts, ni faire avec vingt mille hommes ce que cent hommes choisis peuvent faire encore mieux. Mais il faut remarquer que l'intérêt de corps commence à moins diriger ici la force publique — sur la règle de la volonté générale, et qu'une autre pente inévitable enlève aux lois une partie de la puissance exécutive.

A l'égard des convenances particulières, il ne faut ni un État si petit ni un peuple si simple et si droit que l'exécution des lois suive immédiatement de la volonté publique, comme dans une bonne démocratie. Il ne faut pas non plus une si grande nation que les chefs épars pour la gouverner puissent trancher du souverain chacun dans son département, et commencer par se rendre indépendants pour devenir enfin les maîtres.

Mais si l'aristocratie exige quelques vertus de moins que le gouvernement populaire, elle en exige aussi d'autres qui lui sont propres; comme la modération dans les riches et le contentement dans les pauvres; car il semble qu'une égalité rigoureuse y serait déplacée; elle ne fut pas même observée à Sparte.

Au reste, si cette forme comporte une certaine inégalité de fortune, c'est bien pour qu'en général l'administration des affaires publiques soit confiée à ceux qui peuvent le mieux y donner tout leur temps, mais non pas, comme prétend Aristote, pour que les riches soient toujours préférés. Au contraire, il importe qu'un choix opposé apprenne quelquefois au peuple qu'il y a dans le mérite des hommes des raisons de préférence plus importantes que la richesse.

CHAPITRE VI

DE LA MONARCHIE

Jusqu'ici nous avons considéré le prince comme une personne morale et collective, unie par la force des lois, et dépositaire dans l'État de la puissance exécutive. Nous avons maintenant à considérer cette puissance réunie entre les mains d'une personne naturelle, d'un homme réel, qui seul ait droit d'en disposer selon les lois. C'est ce qu'on appelle un monarque, ou un roi.

Tout au contraire des autres administrations, où un être collectif représente un individu, dans celle-ci un individu représente un être collectif; en sorte que l'unité morale qui constitue le prince est en même temps une unité physique, dans laquelle toutes les facultés que la loi réunit dans l'autre avec tant d'effort se trouvent naturellement réunies.

Ainsi la volonté du peuple, et la volonté du prince, et la force publique de l'État, et la force particulière du gouvernement, tout répond au même mobile, tous les ressorts de la machine sont dans la même main, tout marche au même but, il n'y a point de mouvements opposés qui s'entre-détruisent, et l'on ne peut imaginer aucune sorte de constitution dans laquelle un moindre effort produise une action plus considérable. Archimède assis tranquillement sur le rivage et tirant sans peine à flot un grand vaisseau me représente un monarque habile gouvernant de son cabinet ses vastes États, et faisant tout mouvoir en paraissant immobile.

Mais s'il n'y a point de gouvernement qui ait plus de vigueur, il n'y en a point où la volonté particulière ait plus d'empire et domine plus aisément les autres; tout marche au même but, il est vrai; mais ce but n'est point celui de la félicité publique, et la force même de l'administration tourne sans cesse au préjudice de l'État.

Les rois veulent être absolus, et de loin on leur crie que le meilleur moyen de l'être est de se faire aimer de leurs peuples. Cette maxime est très belle, et même très vraie à certains égards. Malheureusement on s'en moquera toujours dans les cours. La puissance qui vient de l'amour des peuples est sans doute la plus grande; mais elle est précaire et conditionnelle, jamais les princes ne s'en contenteront. Les meilleurs rois veulent pouvoir être méchants s'il leur plaît, sans cesser d'être les maîtres : Un sermonneur politique aura beau leur dire que, la force du peuple étant la leur, leur plus grand intérêt est que le peuple soit florissant, nombreux, redoutable : ils savent très bien que cela n'est pas vrai. Leur intérêt personnel est premièrement que le peuple soit faible, misérable, et qu'il ne puisse jamais leur résister. J'avoue que, supposant les sujets toujours parfaitement soumis, l'intérêt du prince serait alors que le peuple fût puissant, afin que cette puissance étant la sienne le rendît redoutable à ses voisins; mais comme cet intérêt n'est que secondaire et subordonné, et que les deux suppositions sont incompatibles, il est naturel que les princes donnent toujours la préférence à la maxime qui leur est le plus immédiatement utile. C'est ce que Samuel représentait fortement aux Hébreux; c'est ce que Machiavel a fait voir avec évidence. En feignant de donner des leçons aux rois il en a donné de grandes aux peuples. *Le Prince* de Machiavel est le livre des républicains[1].

Nous avons trouvé par les rapports généraux que la monarchie n'est convenable qu'aux grands États, et nous le trouvons encore en l'examinant en elle-même. Plus l'administration publique est nombreuse, plus le

1   Note ajoutée dans l'édition de 1782 : « *Machiavel était un honnête homme et un bon citoyen : mais attaché à la maison de Médicis il était forcé dans l'oppression de sa patrie de déguiser son amour pour la liberté. Le choix seul de son exécrable héros manifeste assez son intention secrète et l'opposition des maximes de son livre du* Prince *à celles de ses discours sur Tite-Live et de son histoire de Florence démontre que ce profond politique n'a eu jusqu'ici que des lecteurs superficiels ou corrompus. La cour de Rome a sévèrement défendu son livre, je le crois bien ; c'est elle qu'il dépeint le plus clairement.* »

rapport du prince aux sujets diminue et s'approche de l'égalité, en sorte que ce rapport est un ou l'égalité même dans la démocratie. Ce même rapport augmente à mesure que le gouvernement se resserre, et il est dans son *maximum* quand le gouvernement est dans les mains d'un seul. Alors il se trouve une trop grande distance entre le prince et le peuple, et l'État manque de liaison. Pour la former il faut donc des ordres intermédiaires : Il faut des princes, des grands, de la noblesse pour les remplir. Or rien de tout cela ne convient à un petit État, que ruinent tous ces degrés.

Mais s'il est difficile qu'un grand État soit bien gouverné, il l'est beaucoup plus qu'il soit bien gouverné par un seul homme, et chacun sait ce qu'il arrive quand le Roi se donne des substituts.

Un défaut essentiel et inévitable, qui mettra toujours le gouvernement monarchique au-dessous du républicain, est que dans celui-ci la voix publique n'élève presque jamais aux premières places que des hommes éclairés et capables, qui les remplissent avec honneur : au lieu que ceux qui parviennent dans les monarchies ne sont le plus souvent que de petits brouillons, de petits fripons, de petits intrigants, à qui les petits talents, qui font dans les cours parvenir aux grandes places, ne servent qu'à montrer au public leur ineptie aussitôt qu'ils y sont parvenus. Le peuple se trompe bien moins sur ce choix que le prince, et un homme d'un vrai mérite est presque aussi rare dans le ministère qu'un sot à la tête d'un gouvernement républicain. Aussi, quand par quelque heureux hasard un de ces hommes nés pour gouverner prend le timon des affaires dans une monarchie presque abîmée par ces tas de jolis régisseurs, on est tout surpris des ressources qu'il trouve, et cela fait époque dans un pays.

Pour qu'un État monarchique pût être bien gouverné, il faudrait que sa grandeur ou son étendue fût mesurée aux facultés de celui qui gouverne. Il est plus aisé de conquérir que de régir. Avec un levier suffisant, d'un doigt on peut ébranler le monde, mais pour le soutenir il faut les épaules d'Hercule. Pour peu qu'un État soit grand, le prince est presque toujours trop petit.

Quand au contraire il arrive que l'État est trop petit pour son chef, ce qui est très rare, il est encore mal gouverné, parce que le chef, suivant toujours la grandeur de ses vues, oublie les intérêts des peuples, et ne les rend pas moins malheureux par l'abus des talents qu'il a de trop, qu'un chef borné par le défaut de ceux qui lui manquent. Il faudrait, pour ainsi dire, qu'un royaume s'étendît ou se resserrât à chaque règne selon la portée du prince; au lieu que les talents d'un Sénat ayant des mesures plus fixes, l'État peut avoir des bornes constantes et l'administration n'aller pas moins bien.

Le plus sensible inconvénient du gouvernement d'un seul est le défaut de cette succession continuelle qui forme dans les deux autres une liaison non interrompue. Un roi mort, il en faut un autre; les élections laissent des intervalles dangereux, elles sont orageuses, et à moins que les citoyens ne soient d'un désintéressement, d'une intégrité que ce gouvernement ne comporte guère, la brigue et la corruption s'en mêlent. Il est difficile que celui à qui l'État s'est vendu ne le vende pas à son tour, et ne se dédommage pas sur les faibles de l'argent que les puissants lui ont extorqué. Tôt ou tard tout devient vénal sous une pareille administration, et la paix dont on jouit alors sous les rois est pire que le désordre des interrègnes.

Qu'a-t-on fait pour prévenir ces maux? On a rendu les couronnes héréditaires dans certaines familles, et l'on a établi un ordre de succession qui prévient toute dispute à la mort des rois. C'est-à-dire que, substituant l'inconvénient des régences à celui des élections, on a préféré une apparente tranquillité à une administration sage, et qu'on a mieux aimé risquer d'avoir pour chefs des enfants, des monstres, des imbéciles, que d'avoir à disputer sur le choix des bons rois; on n'a pas considéré qu'en s'exposant ainsi aux risques de l'alternative on met presque toutes les chances contre soi. C'était un mot très sensé que celui du jeune Denis, à qui son père en lui reprochant une action honteuse disait : T'en ai-je donné l'exemple? Ah ! répondit le fils, votre père n'était pas roi!

Tout concourt à priver de justice et de raison un homme élevé pour commander aux autres. On prend beaucoup de peine, à ce qu'on dit, pour enseigner aux jeunes princes l'art de régner; il ne paraît pas que cette éducation leur profite. On ferait mieux de commencer par leur enseigner l'art d'obéir. Les plus grands rois qu'ait célébrés l'histoire n'ont point été élevés pour régner; c'est une science qu'on ne possède jamais moins qu'après l'avoir trop apprise, et qu'on acquiert mieux en obéissant qu'en commandant. *Nam utilissimus idem ac brevissimus bonarum malarumque rerum delectus, cogitare quid aut nolueris sub alio Principe aut volueris**.

Une suite de ce défaut de cohérence est l'inconstance du gouvernement royal qui, se réglant tantôt sur un plan et tantôt sur un autre selon le caractère du prince qui règne ou des gens qui règnent pour lui, ne peut avoir longtemps un objet fixe ni une conduite conséquente : variation qui rend toujours l'État flottant de maxime en maxime, de projet en projet, et qui n'a pas lieu dans les autres gouvernements où le prince est toujours le même. Aussi voit-on qu'en général, s'il y a plus de ruse dans une cour, il y a plus de sagesse dans un Sénat, et que les républiques vont à leurs fins par des vues plus constantes et mieux suivies, au lieu que chaque révolution dans le ministère en produit une dans l'État; la maxime commune à tous les ministres, et presque à tous les rois, étant de prendre en toute chose le contrepied de leur prédécesseur.

De cette même incohérence se tire encore la solution d'un sophisme très familier aux politiques royaux; c'est, non seulement de comparer le gouvernement civil au gouvernement domestique et le prince au père de famille, erreur déjà réfutée, mais encore de donner libéralement à ce magistrat toutes les vertus dont il aurait besoin, et de supposer toujours que le prince est ce qu'il devrait être : supposition à l'aide de laquelle le gouvernement royal est évidemment préférable à tout autre, parce qu'il est incontestablement le plus

*   Tacite : *Hist.*, L. I.

fort, et que pour être aussi le meilleur il ne lui manque qu'une volonté de corps plus conforme à la volonté générale.

Mais si selon Platon* le Roi par nature est un personnage si rare, combien de fois la nature et la fortune concourront-elles à le couronner, et si l'éducation royale corrompt nécessairement ceux qui la reçoivent, que doit-on espérer d'une suite d'hommes élevés pour régner? C'est donc bien vouloir s'abuser que de confondre le gouvernement royal avec celui d'un bon roi. Pour voir ce qu'est ce gouvernement en lui-même, il faut le considérer sous des princes bornés ou méchants; car ils arriveront tels au trône, ou le trône les rendra tels.

Ces difficultés n'ont pas échappé à nos auteurs, mais ils n'en sont point embarrassés. Le remède est, disent-ils, d'obéir sans murmure. Dieu donne les mauvais rois dans sa colère, et il les faut supporter comme des châtiments du Ciel. Ce discours est édifiant, sans doute; mais je ne sais s'il ne conviendrait pas mieux en chaire que dans un livre de politique. Que dire d'un médecin qui promet des miracles, et dont tout l'art est d'exhorter son malade à la patience? On sait bien qu'il faut souffrir un mauvais gouvernement quand on l'a; la question serait d'en trouver un bon.

CHAPITRE VII

DES GOUVERNEMENTS MIXTES

A proprement parler il n'y a point de gouvernement simple. Il faut qu'un chef unique ait des magistrats subalternes; il faut qu'un gouvernement populaire ait un chef. Ainsi dans le partage de la puissance exécutive il y a toujours gradation du grand nombre au moindre, avec cette différence que tantôt le grand

* *In Civili.*

nombre dépend du petit, et tantôt le petit du grand.

Quelquefois il y a partage égal; soit quand les parties constitutives sont dans une dépendance mutuelle, comme dans le gouvernement d'Angleterre; soit quand l'autorité de chaque partie est indépendante mais imparfaite, comme en Pologne. Cette dernière forme est mauvaise, parce qu'il n'y a point d'unité dans le gouvernement, et que l'État manque de liaison.

Lequel vaut le mieux, d'un gouvernement simple ou d'un gouvernement mixte? Question fort agitée chez les politiques, et à laquelle il faut faire la même réponse que j'ai faite ci-devant sur toute forme de gouvernement.

Le gouvernement simple est le meilleur en soi, par cela seul qu'il est simple. Mais quand la puissance exécutive ne dépend pas assez de la législative, c'est-à-dire quand il y a plus de rapport du prince au souverain que du peuple au prince, il faut remédier à ce défaut de proportion en divisant le gouvernement; car alors toutes ses parties n'ont pas moins d'autorité sur les sujets, et leur division les rend toutes ensemble moins fortes contre le souverain.

On prévient encore le même inconvénient en établissant des magistrats intermédiaires, qui, laissant le gouvernement en son entier, servent seulement à balancer les deux puissances et à maintenir leurs droits respectifs. Alors le gouvernement n'est pas mixte, il est tempéré.

On peut remédier par des moyens semblables à l'inconvénient opposé, et quand le gouvernement est trop lâche, ériger des tribunaux pour le concentrer. Cela se pratique dans toutes les démocraties. Dans le premier cas on divise le gouvernement pour l'affaiblir, et dans le second pour le renforcer; car les *maximum* de force et de faiblesse se trouvent également dans les gouvernements simples, au lieu que les formes mixtes donnent une force moyenne.

CHAPITRE VIII

QUE TOUTE FORME DE GOUVERNEMENT
N'EST PAS PROPRE A TOUT PAYS

La liberté n'étant pas un fruit de tous les climats n'est pas à la portée de tous les peuples. Plus on médite ce principe établi par Montesquieu, plus on en sent la vérité. Plus on le conteste, plus on donne occasion de l'établir par de nouvelles preuves.

Dans tous les gouvernements du monde la personne publique consomme et ne produit rien. D'où lui vient donc la substance consommée? Du travail de ses membres. C'est le superflu des particuliers qui produit le nécessaire du public. D'où il suit que l'état civil ne peut subsister qu'autant que le travail des hommes rend au-delà de leurs besoins.

Or cet excédent n'est pas le même dans tous les pays du monde. Dans plusieurs il est considérable, dans d'autres médiocre, dans d'autres nul, dans d'autres négatif. Ce rapport dépend de la fertilité du climat, de la sorte de travail que la terre exige, de la nature de ses productions, de la force de ses habitants, de la plus ou moins grande consommation qui leur est nécessaire, et de plusieurs autres rapports semblables desquels il est composé.

D'autre part, tous les gouvernements ne sont pas de même nature; il y en a de plus ou moins dévorants, et les différences sont fondées sur cet autre principe que, plus les contributions publiques s'éloignent de leur source, et plus elles sont onéreuses. Ce n'est pas sur la quantité des impositions qu'il faut mesurer cette charge, mais sur le chemin qu'elles ont à faire pour retourner dans les mains dont elles sont sorties; quand cette circulation est prompte et bien établie, qu'on paye peu ou beaucoup, il n'importe; le peuple est toujours riche et les finances vont toujours bien. Au contraire, quelque peu que le peuple donne, quand ce peu ne lui revient point, en donnant toujours bientôt il s'épuise; l'État n'est jamais riche, et le peuple est toujours gueux.

Il suit de là que plus la distance du peuple au gouvernement augmente, et plus les tributs deviennent onéreux : ainsi dans la démocratie le peuple est le moins chargé, dans l'aristocratie il l'est davantage, dans la monarchie il porte le plus grand poids. La monarchie ne convient donc qu'aux nations opulentes, l'aristocratie aux États médiocres en richesse ainsi qu'en grandeur, la démocratie aux États petits et pauvres.

En effet, plus on y réfléchit, plus on trouve en ceci de différence entre les États libres et les monarchiques; dans les premiers tout s'emploie à l'utilité commune; dans les autres, les forces publique et particulières sont réciproques, et l'une s'augmente par l'affaiblissement de l'autre. Enfin au lieu de gouverner les sujets pour les rendre heureux, le despotisme les rend misérables pour les gouverner.

Voilà donc dans chaque climat des causes naturelles sur lesquelles on peut assigner la forme de gouvernement à laquelle la force du climat l'entraîne, et dire même quelle espèce d'habitants il doit avoir. Les lieux ingrats et stériles où le produit ne vaut pas le travail doivent rester incultes et déserts, ou seulement peuplés de sauvages. Les lieux où le travail des hommes ne rend exactement que le nécessaire doivent être habités par des peuples barbares, toute politie y serait impossible : les lieux où l'excès du produit sur le travail est médiocre conviennent aux peuples libres; ceux où le terroir abondant et fertile donne beaucoup de produit pour peu de travail veulent être gouvernés monarchiquement, pour consumer par le luxe du prince l'excès du superflu des sujets; car il vaut mieux que cet excès soit absorbé par le gouvernement que dissipé par les particuliers. Il y a des exceptions, je le sais; mais ces exceptions mêmes confirment la règle, en ce qu'elles produisent tôt ou tard des révolutions qui ramènent les choses dans l'ordre de la nature.

Distinguons toujours les lois générales des causes

particulières qui peuvent en modifier l'effet. Quand
tout le Midi serait couvert de républiques et tout le
Nord d'États despotiques il n'en serait pas moins vrai
que par l'effet du climat le despotisme convient aux
pays chauds, la barbarie aux pays froids, et la bonne
politie aux régions intermédiaires. Je vois encore
qu'en accordant le principe on pourra disputer sur
l'application : on pourra dire qu'il y a des pays froids
très fertiles et des méridionaux très ingrats. Mais
cette difficulté n'en est une que pour ceux qui n'exami-
nent pas la chose dans tous ses rapports. Il faut, comme
je l'ai déjà dit, compter ceux des travaux, des forces,
de la consommation, etc.

Supposons que de deux terrains égaux l'un rapporte
cinq et l'autre dix. Si les habitants du premier consomment quatre et ceux du dernier neuf, l'excès du premier
produit sera 1/5 et celui du second 1/10. Le rapport de
ces deux excès étant donc inverse de celui des produits,
le terrain qui ne produira que cinq donnera un
superflu double de celui du terrain qui produira
dix.

Mais il n'est pas question d'un produit double, et je
ne crois pas que personne ose mettre en général la
fertilité des pays froids en égalité même avec celle des
pays chauds. Toutefois supposons cette égalité;
laissons, si l'on veut, en balance l'Angleterre avec la
Sicile, et la Pologne avec l'Égypte. Plus au midi nous
aurons l'Afrique et les Indes, plus au nord nous
n'aurons plus rien. Pour cette égalité de produit,
quelle différence dans la culture? En Sicile il ne faut
que gratter la terre; en Angleterre que de soins pour
la labourer! Or, là où il faut plus de bras pour donner
le même produit, le superflu doit être nécessairement
moindre.

Considérez, outre cela, que la même quantité
d'hommes consomme beaucoup moins dans les pays
chauds. Le climat demande qu'on y soit sobre pour
se porter bien : les Européens qui veulent y vivre
comme chez eux périssent tous de dysenterie et
d'indigestions. *Nous sommes*, dit Chardin, *des bêtes
carnassières, des loups, en comparaison des Asiatiques.*

Quelques-uns attribuent la sobriété des Persans à ce que leur pays est moins cultivé, et moi je crois au contraire que leur pays abonde moins en denrées parce qu'il en faut moins aux habitants. Si leur frugalité, continue-t-il, *était un effet de la disette du pays, il n'y aurait que les pauvres qui mangeraient peu, au lieu que c'est généralement tout le monde, et on mangerait plus ou moins en chaque province selon la fertilité du pays, au lieu que la même sobriété se trouve par tout le royaume. Ils se louent fort de leur manière de vivre, disant qu'il ne faut que regarder leur teint pour reconnaître combien elle est plus excellente que celle des chrétiens. En effet le teint des Persans est uni ; ils ont la peau belle, fine et polie, au lieu que le teint des Arméniens, leurs sujets qui vivent à l'européenne, est rude, couperosé, et que leurs corps sont gros et pesants.*

Plus on approche de la ligne, plus les peuples vivent de peu. Ils ne mangent presque pas de viande ; le riz, le maïs, le cuzcuz, le mil, la cassave, sont leurs aliments ordinaires. Il y a aux Indes des millions d'hommes dont la nourriture ne coûte pas un sol par jour. Nous voyons en Europe même des différences sensibles pour l'appétit entre les peuples du Nord et ceux du Midi. Un Espagnol vivra huit jours du dîner d'un Allemand. Dans les pays où les hommes sont plus voraces le luxe se tourne aussi vers les choses de consommation. En Angleterre, il se montre sur une table chargée de viandes ; en Italie on vous régale de sucre et de fleurs.

Le luxe des vêtements offre encore de semblables différences. Dans les climats où les changements des saisons sont prompts et violents, on a des habits meilleurs et plus simples, dans ceux où l'on ne s'habille que pour la parure on y cherche plus d'éclat que d'utilité, les habits eux-mêmes y sont un luxe. A Naples vous verrez tous les jours se promener au Pausilippe des hommes en veste dorée et point de bas. C'est la même chose pour les bâtiments ; on donne tout à la magnificence quand on n'a rien à craindre des injures de l'air. A Paris, à Londres on veut être logé chaudement et commodément. A Madrid on a des salons superbes, mais point de fenêtres qui ferment, et l'on couche dans des nids à rats.

Les aliments sont beaucoup plus substantiels et succulents dans les pays chauds; c'est une troisième différence qui ne peut manquer d'influer sur la seconde. Pourquoi mange-t-on tant de légumes en Italie? parce qu'ils y sont bons, nourrissants, d'excellent goût. En France où ils ne sont nourris que d'eau ils ne nourrissent point, et sont presque comptés pour rien sur les tables. Ils n'occupent pourtant pas moins de terrain et coûtent du moins autant de peine à cultiver. C'est une expérience faite que les blés de Barbarie, d'ailleurs inférieurs à ceux de France, rendent beaucoup plus en farine, et que ceux de France à leur tour rendent plus que les blés du Nord. D'où l'on peut inférer qu'une gradation semblable s'observe généralement dans la même direction de la ligne au pôle. Or n'est-ce pas un désavantage visible d'avoir dans un produit égal une moindre quantité d'aliment?

A toutes ces différentes considérations j'en puis ajouter une qui en découle et qui les fortifie; c'est que les pays chauds ont moins besoin d'habitants que les pays froids, et pourraient en nourrir davantage; ce qui produit un double superflu toujours à l'avantage du despotisme. Plus le même nombre d'habitants occupe une grande surface, plus les révoltes deviennent difficiles; parce qu'on ne peut se concerter ni promptement ni secrètement, et qu'il est toujours facile au gouvernement d'éventer les projets et de couper les communications : mais plus un peuple nombreux se rapproche, moins le gouvernement peut usurper sur le souverain; les chefs délibèrent aussi sûrement dans leurs chambres que le prince dans son conseil, et la foule s'assemble aussitôt dans les places que les troupes dans leurs quartiers. L'avantage d'un gouvernement tyrannique est donc en ceci d'agir à grandes distances. A l'aide des points d'appui qu'il se donne sa force augmente au loin comme celle des leviers*.

* Ceci ne contredit pas ce que j'ai dit ci-devant, l. II, chap. IX, sur les inconvénients des grands États : car il s'agissait là de l'autorité du gouvernement sur ses membres, et il s'agit ici

Celle du peuple au contraire n'agit que concentrée,
elle s'évapore et se perd en s'étendant, comme l'effet
de la poudre éparse à terre et qui ne prend feu que
grain à grain. Les pays les moins peuplés sont ainsi
les plus propres à la tyrannie : les bêtes féroces ne
règnent que dans les déserts.

CHAPITRE IX

DES SIGNES D'UN BON GOUVERNEMENT

Quand donc on demande absolument quel est le
meilleur gouvernement, on fait une question insoluble
comme indéterminée; ou si l'on veut, elle a autant
de bonnes solutions qu'il y a de combinaisons possibles
dans les positions absolues et relatives des peuples.

Mais si l'on demandait à quel signe on peut connaître
qu'un peuple donné est bien ou mal gouverné, ce serait
autre chose, et la question de fait pourrait se résoudre.

Cependant on ne la résout point, parce que chacun
veut la résoudre à sa manière. Les sujets vantent la
tranquillité publique, les citoyens la liberté des particuliers; l'un préfère la sûreté des possessions, et l'autre
celle des personnes; l'un veut que le meilleur gouvernement soit le plus sévère, l'autre soutient que c'est le
plus doux; celui-ci veut qu'on punisse les crimes, et
celui-là qu'on les prévienne; l'un trouve beau qu'on soit
craint des voisins, l'autre aime mieux qu'on en soit
ignoré; l'un est content quand l'argent circule, l'autre
exige que le peuple ait du pain. Quand même on
conviendrait sur ces points et d'autres semblables, en
serait-on plus avancé? Les quantités morales manquant

de sa force contre les sujets. Ses membres épars lui servent de
points d'appui pour agir au loin sur le peuple, mais il n'a nul
point d'appui pour agir directement sur ces membres mêmes.
Ainsi dans l'un des cas la longueur du levier en fait la faiblesse,
et la force dans l'autre cas.

de mesure précise, fût-on d'accord sur le signe, comment l'être sur l'estimation?

Pour moi, je m'étonne toujours qu'on méconnaisse un signe aussi simple, ou qu'on ait la mauvaise foi de n'en pas convenir. Quelle est la fin de l'association politique? C'est la conservation et la prospérité de ses membres. Et quel est le signe le plus sûr qu'ils se conservent et prospèrent? C'est leur nombre et leur population. N'allez donc pas chercher ailleurs ce signe si disputé. Toutes choses d'ailleurs égales, le gouvernement sous lequel, sans moyens étrangers, sans naturalisations, sans colonies, les citoyens peuplent et multiplient davantage est infailliblement le meilleur : celui sous lequel un peuple diminue et dépérit est le pire. Calculateurs, c'est maintenant votre affaire; comptez, mesurez, comparez*.

---

* On doit juger sur le même principe des siècles qui méritent la préférence pour la prospérité du genre humain. On a trop admiré ceux où l'on a vu fleurir les lettres et les arts, sans pénétrer l'objet secret de leur culture, sans en considérer le funeste effet, *idque apud imperitos humanitas vocabatur, cum pars servitutis esset*. Ne verrons-nous jamais dans les maximes des livres l'intérêt grossier qui fait parler les auteurs? Non, quoi qu'ils en puissent dire, quand malgré son éclat un pays se dépeuple, il n'est pas vrai que tout aille bien, et il ne suffit pas qu'un poète ait cent mille livres de rente pour que son siècle soit le meilleur de tous. Il faut moins regarder au repos apparent, et à la tranquillité des chefs, qu'au bien-être des nations entières et surtout des États les plus nombreux. La grêle désole quelques cantons, mais elle fait rarement disette. Les émeutes, les guerres civiles effarouchent beaucoup les chefs, mais elles ne font pas les vrais malheurs des peuples, qui peuvent même avoir du relâche tandis qu'on dispute à qui les tyrannisera. C'est de leur état permanent que naissent leurs prospérités ou leurs calamités réelles; quand tout reste écrasé sous le joug, c'est alors que tout dépérit; c'est alors que les chefs les détruisant à leur aise, *ubi solitudinem faciunt, pacem appellant*. Quand les tracasseries des grands agitaient le royaume de France, et que le coadjuteur de Paris portait au parlement un poignard dans sa poche, cela n'empêchait pas que le peuple français ne vécût heureux et nombreux dans une honnête et libre aisance. Autrefois la Grèce fleurissait au sein des plus cruelles guerres; le sang y coulait à flots, et tout le pays était couvert d'hommes. Il semblait, dit Machiavel, qu'au milieu des meurtres, des proscriptions, des guerres civiles, notre république en devînt plus puissante; la

CHAPITRE X

DE L'ABUS DU GOUVERNEMENT
ET DE SA PENTE A DÉGÉNÉRER

Comme la volonté particulière agit sans cesse contre la volonté générale, ainsi le gouvernement fait un effort continuel contre la souveraineté. Plus cet effort augmente, plus la constitution s'altère, et comme il n'y a point ici d'autre volonté de corps qui résistant à celle du prince fasse équilibre avec elle, il doit arriver tôt ou tard que le prince opprime enfin le souverain et rompe le traité social. C'est là le vice inhérent et inévitable qui dès la naissance du corps politique tend sans relâche à le détruire, de même que la vieillesse et la mort détruisent le corps de l'homme.

Il y a deux voies générales par lesquelles un gouvernement dégénère; savoir, quand il se resserre, ou quand l'État se dissout.

Le gouvernement se resserre quand il passe du grand nombre au petit, c'est-à-dire de la démocratie à l'aristocratie, et de l'aristocratie à la royauté. C'est là son inclinaison naturelle*. S'il rétrogradait du petit

---

vertu de ses citoyens, leurs mœurs, leur indépendance avaient plus d'effet pour la renforcer que toutes ses dissensions n'en avaient pour l'affaiblir. Un peu d'agitation donne du ressort aux âmes, et ce qui fait vraiment prospérer l'espèce est moins la paix que la liberté.

* La formation lente et le progrès de la république de Venise dans ses lagunes offre un exemple notable de cette succession ; et il est bien étonnant que depuis plus de douze cents ans les Vénitiens semblent n'en être encore qu'au second terme, lequel commença au *Serrar di Consiglio* en 1198. Quant aux anciens ducs qu'on leur reproche, quoi qu'en puisse dire le *squitinio della libertà veneta*, il est prouvé qu'ils n'ont point été leurs souverains.

On ne manquera pas de m'objecter la République romaine qui suivit, dira-t-on, un progrès tout contraire, passant de la monar-

nombre au grand, on pourrait dire qu'il se relâche, mais ce progrès inverse est impossible.

En effet, jamais le gouvernement ne change de forme que quand son ressort usé le laisse trop affaibli pour pouvoir conserver la sienne. Or s'il se relâchait encore en s'étendant, sa force deviendrait tout à fait nulle, et il subsisterait encore moins. Il faut donc remonter et serrer le ressort à mesure qu'il cède, autrement l'État qu'il soutient tomberait en ruine.

Le cas de la dissolution de l'État peut arriver de deux manières.

Premièrement quand le prince n'administre plus

chie à l'aristocratie, et de l'aristocratie à la démocratie. Je suis bien éloigné d'en penser ainsi.

Le premier établissement de Romulus fut un gouvernement mixte qui dégénéra promptement en despotisme. Par des causes particulières l'État périt avant le temps, comme on voit mourir un nouveau-né avant d'avoir atteint l'âge d'homme. L'expulsion des Tarquins fut la véritable époque de la naissance de la République. Mais elle ne prit pas d'abord une forme constante, parce qu'on ne fit que la moitié de l'ouvrage en n'abolissant pas le patriciat. Car de cette manière l'aristocratie héréditaire, qui est la pire des administrations légitimes, restant en conflit avec la démocratie, la forme du gouvernement toujours incertaine et flottante ne fut fixée, comme l'a prouvé Machiavel, qu'à l'établissement des tribuns; alors seulement il y eut un vrai gouvernement et une véritable démocratie. En effet le peuple alors n'était pas seulement souverain mais aussi magistrat et juge, le Sénat n'était qu'un tribunal en sous-ordre pour tempérer ou concentrer le gouvernement, et les consuls eux-mêmes, bien que patriciens, bien que premiers magistrats, bien que généraux absolus à la guerre, n'étaient à Rome que les présidents du peuple.

Dès lors on vit aussi le gouvernement prendre sa pente naturelle et tendre fortement à l'aristocratie. Le patriciat s'abolissant comme de lui-même, l'aristocratie n'était plus dans le corps des patriciens comme elle est à Venise et à Gênes, mais dans le corps du Sénat composé de patriciens et de plébéiens, même dans le corps des tribuns quand ils commencèrent d'usurper une puissance active : car les mots ne font rien aux choses, et quand le peuple a des chefs qui gouvernent pour lui, quelque nom que portent ces chefs, c'est toujours une aristocratie.

De l'abus de l'aristocratie naquirent les guerres civiles et le triumvirat. Sylla, Jules César, Auguste devinrent dans le fait de véritables monarques, et enfin sous le despotisme de Tibère l'État fut dissous. L'histoire romaine ne dément donc pas mon principe; elle le confirme.

l'État selon les lois et qu'il usurpe le pouvoir souverain. Alors il se fait un changement remarquable; c'est que, non pas le gouvernement, mais l'État se resserre; je veux dire que le grand État se dissout et qu'il s'en forme un autre dans celui-là, composé seulement des membres du gouvernement et qui n'est plus rien au reste du peuple que son maître et son tyran. De sorte qu'à l'instant que le gouvernement usurpe la souveraineté, le pacte social est rompu, et tous les simples citoyens, rentrés de droit dans leur liberté naturelle, sont forcés mais non pas obligés d'obéir.

Le même cas arrive aussi quand les membres du gouvernement usurpent séparément le pouvoir qu'ils ne doivent exercer qu'en corps; ce qui n'est pas une moindre infraction des lois, et produit encore un plus grand désordre. Alors on a, pour ainsi dire, autant de princes que de magistrats, et l'État, non moins divisé que le gouvernement, périt ou change de forme.

Quand l'État se dissout, l'abus du gouvernement quel qu'il soit prend le nom commun d'*anarchie*. En distinguant, la démocratie dégénère en *ochlocratie*, l'aristocratie en *oligarchie*; j'ajouterais que la royauté dégénère en *tyrannie*, mais ce dernier mot est équivoque et demande explication.

Dans le sens vulgaire un tyran est un roi qui gouverne avec violence et sans égard à la justice et aux lois. Dans le sens précis un tyran est un particulier qui s'arroge l'autorité royale sans y avoir droit. C'est ainsi que les Grecs entendaient ce mot de *tyran*. Ils le donnaient indifféremment aux bons et aux mauvais princes dont l'autorité n'était pas légitime*.

* *Omnes enim et habentur et dicuntur Tyranni qui potestate utuntur perpetua, in ea Civitate quæ libertate usa est*. Corn. Nep., *in Miltiad*. Il est vrai qu'Aristote, *Mor. de Nicom*., l. VIII, c. 10 distingue le tyran du roi, en ce que le premier gouverne pour sa propre utilité et le second seulement pour l'utilité de ses sujets; mais outre que généralement tous les auteurs grecs ont pris le mot *tyran* dans un autre sens, comme il paraît surtout par le *Hiéron* de Xénophon, il s'ensuivrait de la distinction d'Aristote que depuis le commencement du monde il n'aurait pas encore existé un seul roi.

Ainsi *tyran* et *usurpateur* sont deux mots parfaitement synonymes.

Pour donner différents noms à différentes choses, j'appelle *tyran* l'usurpateur de l'autorité royale, et *despote* l'usurpateur du pouvoir souverain. Le tyran est celui qui s'ingère contre les lois à gouverner selon les lois ; le despote est celui qui se met au-dessus des lois mêmes. Ainsi le tyran peut n'être pas despote, mais le despote est toujours tyran.

CHAPITRE XI

DE LA MORT DU CORPS POLITIQUE

Telle est la pente naturelle et inévitable des gouvernements les mieux constitués. Si Sparte et Rome ont péri, quel État peut espérer de durer toujours ? Si nous voulons former un établissement durable, ne songeons donc point à le rendre éternel. Pour réussir il ne faut pas tenter l'impossible, ni se flatter de donner à l'ouvrage des hommes une solidité que les choses humaines ne comportent pas.

Le corps politique, aussi bien que le corps de l'homme, commence à mourir dès sa naissance et porte en lui-même les causes de sa destruction. Mais l'un et l'autre peut avoir une constitution plus ou moins robuste et propre à le conserver plus ou moins longtemps. La constitution de l'homme est l'ouvrage de la nature, celle de l'État est l'ouvrage de l'art. Il ne dépend pas des hommes de prolonger leur vie, il dépend d'eux de prolonger celle de l'État aussi loin qu'il est possible, en lui donnant la meilleure constitution qu'il puisse avoir. Le mieux constitué finira, mais plus tard qu'un autre, si nul accident imprévu n'amène sa perte avant le temps.

Le principe de la vie politique est dans l'autorité souveraine. La puissance législative est le cœur de l'État, la puissance exécutive en est le cerveau, qui

donne le mouvement à toutes les parties. Le cerveau
peut tomber en paralysie et l'individu vivre encore.
Un homme reste imbécile et vit : mais sitôt que le
cœur a cessé ses fonctions, l'animal est mort.

Ce n'est point par les lois que l'État subsiste, c'est
par le pouvoir législatif. La loi d'hier n'oblige pas
aujourd'hui, mais le consentement tacite est présumé
du silence, et le souverain est censé confirmer incessamment les lois qu'il n'abroge pas, pouvant le faire. Tout
ce qu'il a déclaré vouloir une fois, il le veut toujours,
à moins qu'il ne le révoque.

Pourquoi donc porte-t-on tant de respect aux anciennes lois? C'est pour cela même. On doit croire qu'il n'y
a que l'excellence des volontés antiques qui les ait
pu conserver si longtemps; si le souverain ne les eût
reconnues constamment salutaires il les eût mille fois
révoquées. Voilà pourquoi loin de s'affaiblir les lois
acquièrent sans cesse une force nouvelle dans tout
État bien constitué; le préjugé de l'antiquité les rend
chaque jour plus vénérables; au lieu que partout où
les lois s'affaiblissent en vieillissant, cela prouve
qu'il n'y a plus de pouvoir législatif, et que l'État ne
vit plus.

CHAPITRE XII

COMMENT SE MAINTIENT L'AUTORITÉ SOUVERAINE

Le souverain n'ayant d'autre force que la puissance
législative n'agit que par des lois, et les lois n'étant
que des actes authentiques de la volonté générale, le
souverain ne saurait agir que quand le peuple est
assemblé. Le peuple assemblé, dira-t-on! Quelle
chimère! C'est une chimère aujourd'hui, mais ce n'en
était pas une il y a deux mille ans. Les hommes ont-ils
changé de nature?

Les bornes du possible dans les choses morales sont
moins étroites que nous ne pensons. Ce sont nos

faiblesses, nos vices, nos préjugés qui les rétrécissent. Les âmes basses ne croient point aux grands hommes : de vils esclaves sourient d'un air moqueur à ce mot de liberté.

Par ce qui s'est fait considérons ce qui se peut faire; je ne parlerai pas des anciennes républiques de la Grèce, mais la République romaine était, ce me semble, un grand État, et la ville de Rome une grande ville. Le dernier cens donna dans Rome quatre cent mille citoyens portant armes, et le dernier dénombrement de l'Empire plus de quatre millions de citoyens sans compter les sujets, les étrangers, les femmes, les enfants, les esclaves.

Quelle difficulté n'imaginerait-on pas d'assembler fréquemment le peuple immense de cette capitale et de ses environs? Cependant il se passait peu de semaines que le peuple romain ne fût assemblé, et même plusieurs fois. Non seulement il exerçait les droits de la souveraineté, mais une partie de ceux du gouvernement. Il traitait certaines affaires, il jugeait certaines causes, et tout ce peuple était sur la place publique presque aussi souvent magistrat que citoyen.

En remontant aux premiers temps des nations on trouverait que la plupart des anciens gouvernements, même monarchiques tels que ceux des Macédoniens et des Francs, avaient de semblables conseils. Quoi qu'il en soit, ce seul fait incontestable répond à toutes les difficultés. De l'existant au possible la conséquence me paraît bonne.

CHAPITRE XIII

SUITE

Il ne suffit pas que le peuple assemblé ait une fois fixé la constitution de l'État en donnant la sanction à un corps de lois : il ne suffit pas qu'il ait établi un gouvernement perpétuel ou qu'il ait pourvu une fois pour toutes à l'élection des magistrats. Outre les assemblées extraordinaires que des cas imprévus peuvent exiger, il faut qu'il y en ait de fixes et de périodiques que rien ne puisse abolir ni proroger, tellement qu'au jour marqué le peuple soit légitimement convoqué par la loi, sans qu'il soit besoin pour cela d'aucune autre convocation formelle.

Mais hors de ces assemblées juridiques par leur seule date, toute assemblée du peuple qui n'aura pas été convoquée par les magistrats préposés à cet effet et selon les formes prescrites doit être tenue pour illégitime et tout ce qui s'y fait pour nul; parce que l'ordre même de s'assembler doit émaner de la loi.

Quant aux retours plus ou moins fréquents des assemblées légitimes, ils dépendent de tant de considérations qu'on ne saurait donner là-dessus de règles précises. Seulement on peut dire en général que plus le gouvernement a de force, plus le souverain doit se montrer fréquemment.

Ceci, me dira-t-on, peut être bon pour une seule ville; mais que faire quand l'État en comprend plusieurs? Partagera-t-on l'autorité souveraine, ou bien doit-on la concentrer dans une seule ville et assujettir tout le reste?

Je réponds qu'on ne doit faire ni l'un ni l'autre. Premièrement l'autorité souveraine est simple et une, et l'on ne peut la diviser sans la détruire. En second lieu, une ville non plus qu'une nation ne peut être légitimement sujette d'une autre, parce que l'essence du corps politique est dans l'accord de l'obéissance et de la liberté, et que ces mots de *sujet* et de *souverain* sont des corrélations identiques dont l'idée se réunit sous le seul mot de *citoyen*.

Je réponds encore que c'est toujours un mal d'unir plusieurs villes en une seule cité, et que, voulant faire cette union, l'on ne doit pas se flatter d'en éviter les inconvénients naturels. Il ne faut point objecter l'abus des grands États à celui qui n'en veut que de petits : mais comment donner aux petits États assez de force pour résister aux grands? Comme jadis les villes grecques résistèrent au grand Roi, et comme plus récemment la Hollande et la Suisse ont résisté à la maison d'Autriche.

Toutefois si l'on ne peut réduire l'État à de justes bornes, il reste encore une ressource ; c'est de n'y point souffrir de capitale, de faire siéger le gouvernement alternativement dans chaque ville, et d'y rassembler aussi tour à tour les États du pays.

Peuplez également le territoire, étendez-y partout les mêmes droits, portez-y partout l'abondance et la vie, c'est ainsi que l'État deviendra tout à la fois le plus fort et le mieux gouverné qu'il soit possible. Souvenez-vous que les murs des villes ne se forment que du débris des maisons des champs. A chaque palais que je vois élever dans la capitale, je crois voir mettre en masures tout un pays.

CHAPITRE XIV

SUITE

A l'instant que le peuple est légitimement assemblé en corps souverain, toute juridiction du gouvernement cesse, la puissance exécutive est suspendue, et la personne du dernier citoyen est aussi sacrée et inviolable que celle du premier magistrat, parce qu'où se trouve le représenté, il n'y a plus de représentant. La plupart des tumultes qui s'élevèrent à Rome dans les comices vinrent d'avoir ignoré ou négligé cette règle. Les consuls alors n'étaient que les présidents du peuple, les tribuns de simples orateurs*, le Sénat n'était rien du tout.

Ces intervalles de suspension où le prince reconnaît ou doit reconnaître un supérieur actuel, lui ont toujours été redoutables, et ces assemblées du peuple, qui sont

---

* A peu près selon le sens qu'on donne à ce nom dans le parlement d'Angleterre. La ressemblance de ces emplois eût mis en conflit les consuls et les tribuns, quand même toute juridiction eût été suspendue.

l'égide du corps politique et le frein du gouvernement, ont été de tous temps l'horreur des chefs : aussi n'épargnent-ils jamais ni soins, ni objections, ni difficultés, ni promesses, pour en rebuter les citoyens. Quand ceux-ci sont avares, lâches, pusillanimes, plus amoureux du repos que de la liberté, ils ne tiennent pas longtemps contre les efforts redoublés du gouvernement; c'est ainsi que la force résistante augmentant sans cesse, l'autorité souveraine s'évanouit à la fin, et que la plupart des cités tombent et périssent avant le temps.

Mais entre l'autorité souveraine et le gouvernement arbitraire, il s'introduit quelquefois un pouvoir moyen dont il faut parler.

CHAPITRE XV

DES DÉPUTÉS OU REPRÉSENTANTS

Sitôt que le service public cesse d'être la principale affaire des citoyens, et qu'ils aiment mieux servir de leur bourse que de leur personne, l'État est déjà près de sa ruine. Faut-il marcher au combat? ils payent des troupes et restent chez eux; faut-il aller au conseil? ils nomment des députés et restent chez eux. A force de paresse et d'argent ils ont enfin des soldats pour asservir la patrie et des représentants pour la vendre.

C'est le tracas du commerce et des arts, c'est l'avide intérêt du gain, c'est la mollesse et l'amour des commodités, qui changent les services personnels en argent. On cède une partie de son profit pour l'augmenter à son aise. Donnez de l'argent, et bientôt vous aurez des fers. Ce mot de *Finance* est un mot d'esclave; il est inconnu dans la cité. Dans un État vraiment libre les citoyens font tout avec leurs bras et rien avec de l'argent. Loin de payer pour s'exempter de leurs devoirs, ils paieraient pour les remplir eux-mêmes. Je suis bien loin des idées communes; je crois les corvées moins contraires à la liberté que les taxes.

Mieux l'État est constitué, plus les affaires publiques l'emportent sur les privées dans l'esprit des citoyens. Il y a même beaucoup moins d'affaires privées, parce que la somme du bonheur commun fournissant une portion plus considérable à celui de chaque individu, il lui en reste moins à chercher dans les soins particuliers. Dans une cité bien conduite chacun vole aux assemblées; sous un mauvais gouvernement nul n'aime à faire un pas pour s'y rendre; parce que nul ne prend intérêt à ce qui s'y fait, qu'on prévoit que la volonté générale n'y dominera pas, et qu'enfin les soins domestiques absorbent tout. Les bonnes lois en font faire de meilleures, les mauvaises en amènent de pires. Sitôt que quelqu'un dit des affaires de l'État : *Que m'importe?* on doit compter que l'État est perdu.

L'attiédissement de l'amour de la patrie, l'activité de l'intérêt privé, l'immensité des États, les conquêtes, l'abus du gouvernement ont fait imaginer la voie des députés ou représentants du peuple dans les assemblées de la nation. C'est ce qu'en certains pays on ose appeler le tiers État. Ainsi l'intérêt particulier de deux ordres est mis au premier et au second rang, l'intérêt public n'est qu'au troisième.

La souveraineté ne peut être représentée, par la même raison qu'elle ne peut être aliénée; elle consiste essentiellement dans la volonté générale, et la volonté ne se représente point : elle est la même, ou elle est autre; il n'y a point de milieu. Les députés du peuple ne sont donc ni ne peuvent être ses représentants, ils ne sont que ses commissaires; ils ne peuvent rien conclure définitivement. Toute loi que le peuple en personne n'a pas ratifiée est nulle; ce n'est point une loi. Le peuple anglais pense être libre; il se trompe fort, il ne l'est que durant l'élection des membres du parlement; sitôt qu'ils sont élus, il est esclave, il n'est rien. Dans les courts moments de sa liberté, l'usage qu'il en fait mérite bien qu'il la perde.

L'idée des représentants est moderne : elle nous vient du gouvernement féodal, de cet inique et absurde gouvernement dans lequel l'espèce humaine est dégradée, et où le nom d'homme est en déshonneur. Dans les anciennes républiques et même dans les monarchies, jamais le peuple n'eut de représentants; on ne connaissait pas ce mot-là. Il est très singulier qu'à Rome où les tribuns étaient si sacrés on n'ait pas même imaginé qu'ils pussent usurper les fonctions du peuple, et qu'au milieu d'une si grande multitude ils n'aient jamais tenté de passer de leur chef un seul plébiscite. Qu'on juge cependant de l'embarras que causait quelquefois la foule, par ce qui arriva du temps des Gracques, où une partie des citoyens donnait son suffrage de dessus les toits.

Où le droit et la liberté sont toutes choses, les inconvénients ne sont rien. Chez ce sage peuple tout était mis à sa juste mesure : il laissait faire à ses licteurs ce que ses tribuns n'eussent osé faire; il ne craignait pas que ses licteurs voulussent le représenter.

Pour expliquer cependant comment les tribuns le représentaient quelquefois, il suffit de concevoir comment le gouvernement représente le souverain. La loi n'étant que la déclaration de la volonté générale, il est clair que dans la puissance législative le peuple ne peut être représenté; mais il peut et doit l'être dans la puissance exécutive, qui n'est que la force appliquée à la loi. Ceci fait voir qu'en examinant bien les choses on trouverait que très peu de nations ont des lois. Quoi qu'il en soit, il est sûr que les tribuns, n'ayant aucune partie du pouvoir exécutif, ne purent jamais représenter le peuple romain par les droits de leurs charges, mais seulement en usurpant sur ceux du Sénat.

Chez les Grecs tout ce que le peuple avait à faire il le faisait par lui-même; il était sans cesse assemblé sur la place. Il habitait un climat doux, il n'était point avide, des esclaves faisaient ses travaux, sa grande affaire était sa liberté. N'ayant plus les mêmes avantages, comment conserver les mêmes droits? Vos climats plus durs vous donnent plus de besoins*, six mois de l'année la place publique n'est pas tenable, vos langues sourdes ne

_____

* Adopter dans les pays froids le luxe et la mollesse des Orientaux, c'est vouloir se donner leurs chaînes; c'est s'y soumettre encore plus nécessairement qu'eux.

peuvent se faire entendre en plein air, vous donnez plus à votre gain qu'à votre liberté, et vous craignez bien moins l'esclavage que la misère.

Quoi! la liberté ne se maintient qu'à l'appui de la servitude? Peut-être. Les deux excès se touchent. Tout ce qui n'est point dans la nature a ses inconvénients, et la société civile plus que tout le reste. Il y a de telles positions malheureuses où l'on ne peut conserver sa liberté qu'aux dépens de celle d'autrui, et où le citoyen ne peut être parfaitement libre que l'esclave ne soit extrêmement esclave. Telle était la position de Sparte. Pour vous, peuples modernes, vous n'avez point d'esclaves, mais vous l'êtes; vous payez leur liberté de la vôtre. Vous avez beau vanter cette préférence; j'y trouve plus de lâcheté que d'humanité.

Je n'entends point par tout cela qu'il faille avoir des esclaves ni que le droit d'esclavage soit légitime, puisque j'ai prouvé le contraire. Je dis seulement les raisons pour quoi les peuples modernes qui se croient libres ont des représentants, et pour quoi les peuples anciens n'en avaient pas. Quoi qu'il en soit, à l'instant qu'un peuple se donne des représentants, il n'est plus libre; il n'est plus.

Tout bien examiné, je ne vois pas qu'il soit désormais possible au souverain de conserver parmi nous l'exercice de ses droits si la cité n'est très petite. Mais si elle est très petite elle sera subjuguée? Non. Je ferai voir ci-après* comment on peut réunir la puissance extérieure d'un grand peuple avec la police aisée et le bon ordre d'un petit État.

---

*   C'est ce que je m'étais proposé de faire dans la suite de cet ouvrage, lorsqu'en traitant des relations externes j'en serais venu aux confédérations. Matière toute neuve et où les principes sont encore à établir.

CHAPITRE XVI

QUE L'INSTITUTION DU GOUVERNEMENT
N'EST POINT UN CONTRAT

Le pouvoir législatif une fois bien établi, il s'agit d'établir de même le pouvoir exécutif; car ce dernier, qui n'opère que par des actes particuliers, n'étant pas de l'essence de l'autre, en est naturellement séparé. S'il était possible que le souverain, considéré comme tel, eût la puissance exécutive, le droit et le fait seraient tellement confondus qu'on ne saurait plus ce qui est loi et ce qui ne l'est pas, et le corps politique ainsi dénaturé serait bientôt en proie à la violence contre laquelle il fut institué.

Les citoyens étant tous égaux par le contrat social, ce que tous doivent faire tous peuvent le prescrire, au lieu que nul n'a droit d'exiger qu'un autre fasse ce qu'il ne fait pas lui-même. Or c'est proprement ce droit, indispensable pour faire vivre et mouvoir le corps politique, que le souverain donne au prince en instituant le gouvernement.

Plusieurs ont prétendu que l'acte de cet établissement était un contrat entre le peuple et les chefs qu'il se donne; contrat par lequel on stipulait entre les deux parties les conditions sous lesquelles l'une s'obligeait à commander et l'autre à obéir. On conviendra, je m'assure, que voilà une étrange manière de contracter! Mais voyons si cette opinion est soutenable.

Premièrement, l'autorité suprême ne peut pas plus se modifier que s'aliéner; la limiter, c'est la détruire. Il est absurde et contradictoire que le souverain se donne un supérieur; s'obliger d'obéir à un maître c'est se remettre en pleine liberté.

De plus, il est évident que ce contrat du peuple avec telles ou telles personnes serait un acte particulier. D'où il suit que ce contrat ne saurait être une loi ni un acte de souveraineté, et que par conséquent il serait illégitime.

On voit encore que les parties contractantes seraient entre elles sous la seule loi de nature et sans aucun garant de leurs engagements réciproques, ce qui répugne de toute manière à l'état civil. Celui qui a la force en main étant toujours le maître de l'exécution, autant vaudrait donner le nom de contrat à l'acte d'un homme qui dirait à un autre : Je vous donne tout mon bien, à condition que vous m'en rendrez ce qu'il vous plaira.

Il n'y a qu'un contrat dans l'État, c'est celui de l'association ; et celui-là seul en exclut tout autre. On ne saurait imaginer aucun contrat public qui ne fût une violation du premier.

CHAPITRE XVII

DE L'INSTITUTION DU GOUVERNEMENT

Sous quelle idée faut-il donc concevoir l'acte par lequel le gouvernement est institué ? Je remarquerai d'abord que cet acte est complexe ou composé de deux autres, savoir l'établissement de la loi et l'exécution de la loi.

Par le premier, le souverain statue qu'il y aura un corps de gouvernement établi sous telle ou telle forme ; et il est clair que cet acte est une loi.

Par le second, le peuple nomme les chefs qui seront chargés du gouvernement établi. Or cette nomination étant un acte particulier n'est pas une seconde loi, mais seulement une suite de la première et une fonction du gouvernement.

La difficulté est d'entendre comment on peut avoir un acte de gouvernement avant que le gouvernement existe, et comment le peuple, qui n'est que souverain ou sujet, peut devenir prince ou magistrat dans certaines circonstances.

C'est encore ici que se découvre une de ces étonnantes propriétés du corps politique, par lesquelles il concilie des opérations contradictoires en apparence. Car celle-ci se fait par une conversion subite de la souveraineté en démocratie; en sorte que, sans aucun changement sensible, et seulement par une nouvelle relation de tous à tous, les citoyens devenus magistrats passent des actes généraux aux actes particuliers, et de la loi à l'exécution.

Ce changement de relation n'est point une subtilité de spéculation sans exemple dans la pratique : Il a lieu tous les jours dans le parlement d'Angleterre, où la chambre basse en certaines occasions se tourne en grand comité, pour mieux discuter les affaires, et devient ainsi simple commission, de cour souveraine qu'elle était l'instant précédent; en telle sorte qu'elle se fait ensuite rapport à elle-même comme chambre des Communes de ce qu'elle vient de régler en grand comité, et délibère de nouveau sous un titre de ce qu'elle a déjà résolu sous un autre.

Tel est l'avantage propre au gouvernement démocratique de pouvoir être établi dans le fait par un simple acte de la volonté générale. Après quoi, ce gouvernement provisionnel reste en possession si telle est la forme adoptée, ou établit au nom du souverain le gouvernement prescrit par la loi, et tout se trouve ainsi dans la règle. Il n'est pas possible d'instituer le gouvernement d'aucune autre manière légitime, et sans renoncer aux principes ci-devant établis.

CHAPITRE XVIII

MOYEN DE PRÉVENIR LES USURPATIONS DU GOUVERNEMENT

De ces éclaircissements il résulte en confirmation du chapitre XVI que l'acte qui institue le gouvernement n'est point un contrat mais une loi, que les dépositaires de la puissance exécutive ne sont point les maîtres du peuple mais ses officiers, qu'il peut les établir et les destituer quand il lui plaît, qu'il n'est point question pour eux de contracter mais d'obéir et qu'en se chargeant des fonctions que l'État leur impose ils ne font que remplir leur devoir de citoyens, sans avoir en aucune sorte le droit de disputer sur les conditions.

Quand donc il arrive que le peuple institue un gouvernement héréditaire, soit monarchique dans une famille, soit aristocratique dans un ordre de citoyens, ce n'est point un engagement qu'il prend; c'est une forme provisionnelle qu'il donne à l'administration, jusqu'à ce qu'il lui plaise d'en ordonner autrement.

Il est vrai que ces changements sont toujours dangereux, et qu'il ne faut jamais toucher au gouvernement établi que lors qu'il devient incompatible avec le bien public; mais cette circonspection est une maxime de politique et non pas une règle de droit, et l'État n'est pas plus tenu de laisser l'autorité civile à ses chefs que l'autorité militaire à ses généraux.

Il est vrai encore qu'on ne saurait en pareil cas observer avec trop de soin toutes les formalités requises pour distinguer un acte régulier et légitime d'un tumulte séditieux, et la volonté de tout un peuple des clameurs d'une faction. C'est ici surtout qu'il ne faut donner au cas odieux que ce qu'on ne peut lui refuser dans toute la rigueur du droit, et c'est aussi de cette obligation que le prince tire un grand avantage pour conserver sa puissance malgré le peuple, sans qu'on puisse dire qu'il l'ait usurpée. Car en paraissant n'user que de ses droits il lui est fort aisé de les étendre, et d'empêcher sous le prétexte du repos public les assemblées destinées à rétablir le bon ordre; de sorte qu'il se prévaut d'un silence qu'il empêche de rompre, ou des irrégularités qu'il fait commettre, pour supposer en sa faveur l'aveu de ceux que la crainte fait taire, et pour punir ceux qui osent parler. C'est ainsi que les décemvirs ayant été d'abord élus pour un an, puis continués pour une autre année, tentèrent de retenir à perpétuité leur pouvoir, en ne permettant plus aux comices de s'assembler; et c'est par ce facile moyen que tous les gouvernements du monde, une fois revêtus de la force publique, usurpent tôt ou tard l'autorité souveraine.

Les assemblées périodiques dont j'ai parlé ci-devant sont propres à prévenir ou différer ce malheur, surtout quand elles n'ont pas besoin de convocation formelle : car alors le prince ne saurait les empêcher sans se déclarer ouvertement infracteur des lois et ennemi de l'État.

L'ouverture de ces assemblées, qui n'ont pour objet que le maintien du traité social, doit toujours se faire par deux propositions qu'on ne puisse jamais supprimer, et qui passent séparément par les suffrages.

La première : *S'il plaît au souverain de conserver la présente forme de gouvernement.*

La seconde : *S'il plaît au peuple d'en laisser l'administration à ceux qui en sont actuellement chargés.*

Je suppose ici ce que je crois avoir démontré, savoir qu'il n'y a dans l'État aucune loi fondamentale qui ne se puisse révoquer, non pas même le pacte social; car si tous les citoyens s'assemblaient pour rompre ce pacte d'un commun accord, on ne peut douter qu'il ne fût très légitimement rompu. Grotius pense même que chacun peut renoncer à l'État dont il est membre, et reprendre sa liberté naturelle et ses biens en sortant du pays*. Or il serait absurde que tous les citoyens réunis ne pussent pas ce que peut séparément chacun d'eux.

Fin du Livre troisième

---

* Bien entendu qu'on ne quitte pas pour éluder son devoir et se dispenser de servir la patrie au moment qu'elle a besoin de nous. La fuite alors serait criminelle et punissable; ce ne serait plus retraite, mais désertion.

LIVRE IV

CHAPITRE PREMIER

QUE LA VOLONTÉ GÉNÉRALE EST INDESTRUCTIBLE

Tant que plusieurs hommes réunis se considèrent comme un seul corps, ils n'ont qu'une seule volonté, qui se rapporte à la commune conservation, et au bien-être général. Alors tous les ressorts de l'État sont vigoureux et simples, ses maximes sont claires et lumineuses, il n'a point d'intérêts embrouillés, contradictoires, le bien commun se montre partout avec évidence, et ne demande que du bon sens pour être aperçu. La paix, l'union, l'égalité sont ennemies des subtilités politiques. Les hommes droits et simples sont difficiles à tromper à cause de leur simplicité, les leurres, les prétextes raffinés ne leur en imposent point; ils ne sont pas même assez fins pour être dupes. Quand on voit chez le plus heureux peuple du monde des troupes de paysans régler les affaires de l'État sous un chêne et se conduire toujours sagement, peut-on s'empêcher de mépriser les raffinements des autres nations, qui se rendent illustres et misérables avec tant d'art et de mystères?

Un État ainsi gouverné a besoin de très peu de lois, et à mesure qu'il devient nécessaire d'en promulguer de nouvelles, cette nécessité se voit universellement. Le premier qui les propose ne fait que dire ce que tous ont déjà senti, et il n'est question ni de brigues ni d'éloquence pour faire passer en loi ce que chacun a déjà résolu de faire, sitôt qu'il sera sûr que les autres le feront comme lui.

Ce qui trompe les raisonneurs c'est que ne voyant que des États mal constitués dès leur origine, ils sont

frappés de l'impossibilité d'y maintenir une semblable
police. Ils rient d'imaginer toutes les sottises qu'un
fourbe adroit, un parleur insinuant pourrait persuader
au peuple de Paris ou de Londres. Ils ne savent pas
que Cromwell eût été mis aux sonnettes par le peuple
de Berne, et le duc de Beaufort à la discipline par les
Genevois.

Mais quand le nœud social commence à se relâcher
et l'État à s'affaiblir, quand les intérêts particuliers
commencent à se faire sentir et les petites sociétés à
influer sur la grande, l'intérêt commun s'altère et
trouve des opposants, l'unanimité ne règne plus dans
les voix, la volonté générale n'est plus la volonté de
tous, il s'élève des contradictions, des débats, et le
meilleur avis ne passe point sans disputes.

Enfin quand l'État près de sa ruine ne subsiste plus
que par une forme illusoire et vaine, que le lien social
est rompu dans tous les cœurs, que le plus vil intérêt
se pare effrontément du nom sacré du bien public;
alors la volonté générale devient muette, tous guidés
par des motifs secrets n'opinent pas plus comme
citoyens que si l'État n'eût jamais existé, et l'on fait
passer faussement sous le nom de lois des décrets
iniques qui n'ont pour but que l'intérêt particulier.

S'ensuit-il de là que la volonté générale soit anéantie
ou corrompue? Non, elle est toujours constante,
inaltérable et pure; mais elle est subordonnée à
d'autres qui l'emportent sur elle. Chacun, détachant
son intérêt de l'intérêt commun, voit bien qu'il ne
peut l'en séparer tout à fait, mais sa part du mal
public ne lui paraît rien, auprès du bien exclusif
qu'il prétend s'approprier. Ce bien particulier excepté,
il veut le bien général pour son propre intérêt tout
aussi fortement qu'aucun autre. Même en vendant
son suffrage à prix d'argent il n'éteint pas en lui la
volonté générale, il l'élude. La faute qu'il commet
est de changer l'état de la question et de répondre
autre chose que ce qu'on lui demande : En sorte qu'au
lieu de dire par son suffrage : *Il est avantageux à
l'État*, il dit : *Il est avantageux à tel homme ou à tel
parti que tel ou tel avis passe.* Ainsi la loi de l'ordre

public dans les assemblées n'est pas tant d'y maintenir la volonté générale que de faire qu'elle soit toujours interrogée et qu'elle réponde toujours.

J'aurais ici bien des réflexions à faire sur le simple droit de voter dans tout acte de souveraineté; droit que rien ne peut ôter aux citoyens; et sur celui d'opiner, de proposer, de diviser, de discuter, que le gouvernement a toujours grand soin de ne laisser qu'à ses membres; mais cette importante matière demanderait un traité à part, et je ne puis tout dire dans celui-ci.

CHAPITRE II

DES SUFFRAGES

On voit par le chapitre précédent que la manière dont se traitent les affaires générales peut donner un indice assez sûr de l'état actuel des mœurs, et de la santé du corps politique. Plus le concert règne dans les assemblées, c'est-à-dire plus les avis approchent de l'unanimité, plus aussi la volonté générale est dominante; mais les longs débats, les dissensions, le tumulte, annoncent l'ascendant des intérêts particuliers et le déclin de l'État.

Ceci paraît moins évident quand deux ou plusieurs ordres entrent dans sa constitution, comme à Rome les patriciens et les plébéiens, dont les querelles troublèrent souvent les comices, même dans les plus beaux temps de la République; mais cette exception est plus apparente que réelle; car alors par le vice inhérent au corps politique on a, pour ainsi dire, deux États en un; ce qui n'est pas vrai des deux ensemble est vrai de chacun séparément. Et en effet dans les temps même les plus orageux les plébiscites du peuple, quand le Sénat ne s'en mêlait pas, passaient toujours tranquillement et à la grande pluralité des suffrages. Les citoyens n'ayant qu'un intérêt, le peuple n'avait qu'une volonté.

A l'autre extrémité du cercle l'unanimité revient.

C'est quand les citoyens tombés dans la servitude n'ont plus ni liberté ni volonté. Alors la crainte et la flatterie changent en acclamations les suffrages; on ne délibère plus, on adore ou l'on maudit. Telle était la vile manière d'opiner du Sénat sous les Empereurs. Quelquefois cela se faisait avec des précautions ridicules : Tacite observe que sous Othon les sénateurs, accablant Vitellius d'exécrations, affectaient de faire en même temps un bruit épouvantable, afin que, si par hasard il devenait le maître, il ne pût savoir ce que chacun d'eux avait dit.

De ces diverses considérations naissent les maximes sur lesquelles on doit régler la manière de compter les voix et de comparer les avis, selon que la volonté générale est plus ou moins facile à connaître, et l'État plus ou moins déclinant.

Il n'y a qu'une seule loi qui par sa nature exige un consentement unanime. C'est le pacte social : car l'association civile est l'acte du monde le plus volontaire; tout homme étant né libre et maître de lui-même, nul ne peut, sous quelque prétexte que ce puisse être, l'assujettir sans son aveu. Décider que le fils d'une esclave naît esclave, c'est décider qu'il ne naît pas homme.

Si donc lors du pacte social il s'y trouve des opposants, leur opposition n'invalide pas le contrat, elle empêche seulement qu'ils n'y soient compris; ce sont des étrangers parmi les citoyens. Quand l'État est institué le consentement est dans la résidence; habiter le territoire c'est se soumettre à la souveraineté*.

Hors ce contrat primitif, la voix du plus grand nombre oblige toujours tous les autres; c'est une suite du contrat même. Mais on demande comment un homme peut être libre, et forcé de se conformer à des volontés qui ne sont pas les siennes. Comment les

---

* Ceci doit toujours s'entendre d'un État libre; car d'ailleurs la famille, les biens, le défaut d'asile, la nécessité, la violence, peuvent retenir un habitant dans le pays malgré lui, et alors son séjour seul ne suppose plus son consentement au contrat ou à la violation du contrat.

opposants sont-ils libres et soumis à des lois auxquelles
ils n'ont pas consenti?

Je réponds que la question est mal posée. Le citoyen
consent à toutes les lois, même à celles qu'on passe
malgré lui, et même à celles qui le punissent quand il
ose en violer quelqu'une. La volonté constante de
tous les membres de l'État est la volonté générale;
c'est par elle qu'ils sont citoyens et libres*. Quand
on propose une loi dans l'assemblée du peuple, ce
qu'on leur demande n'est pas précisément s'ils approu-
vent la proposition ou s'ils la rejettent, mais si elle est
conforme ou non à la volonté générale qui est la leur;
chacun en donnant son suffrage dit son avis là-dessus,
et du calcul des voix se tire la déclaration de la volonté
générale. Quand donc l'avis contraire au mien l'emporte, cela ne prouve autre chose sinon que je m'étais
trompé, et que ce que j'estimais être la volonté générale
ne l'était pas. Si mon avis particulier l'eût emporté,
j'aurais fait autre chose que ce que j'avais voulu,
c'est alors que je n'aurais pas été libre.

Ceci suppose, il est vrai, que tous les caractères de la
volonté générale sont encore dans la pluralité : quand
ils cessent d'y être, quelque parti qu'on prenne il n'y a
plus de liberté.

En montrant ci-devant comment on substituait des
volontés particulières à la volonté générale dans les
délibérations publiques, j'ai suffisamment indiqué les
moyens praticables de prévenir cet abus; j'en parlerai
encore ci-après. A l'égard du nombre proportionnel
des suffrages pour déclarer cette volonté, j'ai aussi
donné les principes sur lesquels on peut le déterminer.
La différence d'une seule voix rompt l'égalité, un seul
opposant rompt l'unanimité; mais entre l'unanimité
et l'égalité il y a plusieurs partages inégaux, à chacun

* A Gênes on lit au-devant des prisons et sur les fers des
galériens ce mot *Libertas*. Cette application de la devise est
belle et juste. En effet il n'y a que les malfaiteurs de tous états
qui empêchent le citoyen d'être libre. Dans un pays où tous ces
gens-là seraient aux galères, on jouirait de la plus parfaite
liberté.

desquels on peut fixer ce nombre selon l'état et les besoins du corps politique.

Deux maximes générales peuvent servir à régler ces rapports : l'une, que plus les délibérations sont importantes et graves, plus l'avis qui l'emporte doit approcher de l'unanimité : l'autre, que plus l'affaire agitée exige de célérité, plus on doit resserrer la différence prescrite dans le partage des avis ; dans les délibérations qu'il faut terminer sur-le-champ, l'excédent d'une seule voix doit suffire. La première de ces maximes paraît plus convenable aux lois, et la seconde aux affaires. Quoi qu'il en soit, c'est sur leur combinaison que s'établissent les meilleurs rapports qu'on peut donner à la pluralité pour prononcer.

CHAPITRE III

DES ÉLECTIONS

A l'égard des élections du prince et des magistrats, qui sont, comme je l'ai dit, des actes complexes, il y a deux voies pour y procéder ; savoir, le choix et le sort. L'une et l'autre ont été employées en diverses républiques, et l'on voit encore actuellement un mélange très compliqué des deux dans l'élection du doge de Venise.

Le suffrage par le sort, dit Montesquieu, *est de la nature de la démocratie*. J'en conviens, mais comment cela ? *Le sort*, continue-t-il, *est une façon d'élire qui n'afflige personne ; il laisse à chaque citoyen une espérance raisonnable de servir la patrie*. Ce ne sont pas là des raisons.

Si l'on fait attention que l'élection des chefs est une fonction du gouvernement et non de la souveraineté, on verra pourquoi la voie du sort est plus dans la nature de la démocratie, où l'administration est d'autant meilleure que les actes en sont moins multipliés.

Dans toute véritable démocratie la magistrature n'est pas un avantage mais une charge onéreuse, qu'on ne peut justement imposer à un particulier plutôt qu'à un autre. La loi seule peut imposer cette charge à celui sur qui le sort tombera. Car alors la condition étant égale pour tous, et le choix ne dépendant d'aucune volonté humaine, il n'y a point d'application particulière qui altère l'universalité de la loi.

Dans l'aristocratie le prince choisit le prince, le gouvernement se conserve par lui-même, et c'est là que les suffrages sont bien placés.

L'exemple de l'élection du doge de Venise confirme cette distinction loin de la détruire. Cette forme mêlée convient dans un gouvernement mixte. Car c'est une erreur de prendre le gouvernement de Venise pour une véritable aristocratie. Si le peuple n'y a nulle part au gouvernement, la noblesse y est peuple elle-même. Une multitude de pauvres Barnabotes n'approcha jamais d'aucune magistrature, et n'a de sa noblesse que le vain titre d'Excellence et le droit d'assister au grand conseil. Ce grand conseil étant aussi nombreux que notre conseil général à Genève, ses illustres membres n'ont pas plus de privilèges que nos simples citoyens. Il est certain qu'ôtant l'extrême disparité des deux républiques, la bourgeoisie de Genève représente exactement le patriciat vénitien, nos natifs et habitants représentent les citadins et le peuple de Venise, nos paysans représentent les sujets de terre ferme : enfin de quelque manière que l'on considère cette république, abstraction faite de sa grandeur, son gouvernement n'est pas plus aristocratique que le nôtre. Toute la différence est que n'ayant aucun chef à vie nous n'avons pas le même besoin du sort.

Les élections par sort auraient peu d'inconvénient dans une véritable démocratie où tout étant égal, aussi bien par les mœurs et par les talents que par les maximes et par la fortune, le choix deviendrait presque indifférent. Mais j'ai déjà dit qu'il n'y avait point de véritable démocratie.

Quand le choix et le sort se trouvent mêlés, le premier doit remplir les places qui demandent des talents propres, telles que les emplois militaires; l'autre convient à celles où suffisent le bon sens, la justice, l'intégrité, telles que les charges de judicature; parce que dans un État bien constitué ces qualités sont communes à tous les citoyens.

Le sort ni les suffrages n'ont aucun lieu dans le gouvernement monarchique. Le monarque étant de droit seul prince et magistrat unique, le choix de ses lieutenants n'appartient qu'à lui. Quand l'abbé de Saint-Pierre proposait de multiplier les conseils du Roi de France et d'en élire les membres par scrutin, il ne voyait pas qu'il proposait de changer la forme du gouvernement.

Il me resterait à parler de la manière de donner et de recueillir les voix dans l'assemblée du peuple; mais peut-être l'historique de la police romaine à cet égard expliquera-t-il plus sensiblement toutes les maximes que je pourrais établir. Il n'est pas indigne d'un lecteur judicieux de voir un peu en détail comment se traitaient les affaires publiques et particulières dans un conseil de deux cent mille hommes.

CHAPITRE IV

DES COMICES ROMAINS

Nous n'avons nuls monuments bien assurés des premiers temps de Rome; il y a même grande apparence que la plupart des choses qu'on en débite sont des fables*; et en général la partie la plus instructive des annales des peuples, qui est l'histoire de leur établissement, est celle qui nous manque le plus. L'expérience nous apprend tous les jours de quelles causes naissent les révolutions des empires; mais comme il ne se forme

---

* Le nom de *Rome* qu'on prétend venir de *Romulus* est grec, et signifie *force;* le nom de *Numa* est grec aussi, et signifie *Loi.* Quelle apparence que les deux premiers rois de cette ville aient porté d'avance des noms si bien relatifs à ce qu'ils ont fait?

plus de peuples, nous n'avons guère que des conjectures pour expliquer comment ils se sont formés.

Les usages qu'on trouve établis attestent au moins qu'il y eut une origine à ces usages. Des traditions qui remontent à ces origines, celles qu'appuient les plus grandes autorités et que de plus fortes raisons confirment doivent passer pour les plus certaines. Voilà les maximes que j'ai tâché de suivre en recherchant comment le plus libre et le plus puissant peuple de la terre exerçait son pouvoir suprême.

Après la fondation de Rome la République naissante, c'est-à-dire l'armée du fondateur, composée d'Albains, de Sabins, et d'étrangers, fut divisée en trois classes, qui de cette division prirent le nom de *tribus*. Chacune de ces tribus fut subdivisée en dix curies, et chaque curie en décuries, à la tête desquelles on mit des chefs appelés *curions* et *décurions*.

Outre cela on tira de chaque tribu un corps de cent cavaliers ou chevaliers, appelé centurie : par où l'on voit que ces divisions, peu nécessaires dans un bourg, n'étaient d'abord que militaires. Mais il semble qu'un instinct de grandeur portait la petite ville de Rome à se donner d'avance une police convenable à la capitale du monde.

De ce premier partage résulta bientôt un inconvénient. C'est que la tribu des Albains* et celle des Sabins** restant toujours au même état, tandis que celle des étrangers*** croissait sans cesse par le concours perpétuel de ceux-ci, cette dernière ne tarda pas à surpasser les deux autres. Le remède que Servius trouva à ce dangereux abus fut de changer la division, et à celle des races, qu'il abolit, d'en substituer une autre tirée des lieux de la ville occupés par chaque tribu. Au lieu de trois tribus il en fit quatre; chacune desquelles occupait une des collines de Rome et en portait le nom. Ainsi remédiant à l'inégalité présente il la prévint encore pour l'avenir; et afin que cette

* *Ramnenses.*
  ** *Tatienses.*
 *** *Luceres.*

division ne fût pas seulement de lieux mais d'hommes, il défendit aux habitants d'un quartier de passer dans un autre, ce qui empêcha les races de se confondre.

Il doubla aussi les trois anciennes centuries de cavalerie et y en ajouta douze autres, mais toujours sous les anciens noms; moyen simple et judicieux par lequel il acheva de distinguer le corps des chevaliers de celui du peuple, sans faire murmurer ce dernier.

A ces quatre tribus urbaines Servius en ajouta quinze autres appelées tribus rustiques, parce qu'elles étaient formées des habitants de la campagne, partagés en autant de cantons. Dans la suite on en fit autant de nouvelles, et le peuple romain se trouva enfin divisé en trente-cinq tribus; nombre auquel elles restèrent fixées jusqu'à la fin de la République.

De cette distinction des tribus de la ville et des tribus de la campagne résulta un effet digne d'être observé, parce qu'il n'y en a point d'autre exemple, et que Rome lui dut à la fois la conservation de ses mœurs et l'accroissement de son empire. On croirait que les tribus urbaines s'arrogèrent bientôt la puissance et les honneurs, et ne tardèrent pas d'avilir les tribus rustiques; ce fut tout le contraire. On connaît le goût des premiers Romains pour la vie champêtre. Ce goût leur venait du sage instituteur qui unit à la liberté les travaux rustiques et militaires, et relégua pour ainsi dire à la ville les arts, les métiers, l'intrigue, la fortune et l'esclavage.

Ainsi tout ce que Rome avait d'illustre vivant aux champs et cultivant les terres, on s'accoutuma à ne chercher que là les soutiens de la République. Cet état étant celui des plus dignes patriciens fut honoré de tout le monde : la vie simple et laborieuse des villageois fut préférée à la vie oisive et lâche des bourgeois de Rome, et tel n'eût été qu'un malheureux prolétaire à la ville, qui, laboureur aux champs, devint un citoyen respecté. Ce n'est pas sans raison, disait Varron, que nos magnanimes ancêtres établirent au village la pépinière de ces robustes et vaillants hommes qui les défendaient en temps de guerre et les nourrissaient en temps de paix. Pline dit positivement que les tribus des champs étaient honorées à cause des hommes qui les composaient ; au lieu qu'on transférait par ignominie dans celles de la ville les lâches qu'on voulait avilir. Le Sabin Appius Claudius étant venu s'établir à Rome y fut comblé d'honneurs et inscrit dans une tribu rustique qui prit dans la suite le nom de sa famille. Enfin les affranchis entraient tous dans les tribus urbaines, jamais dans les rurales ; et il n'y a pas durant toute la République un seul exemple d'aucun de ces affranchis parvenu à aucune magistrature, quoique devenu citoyen.

Cette maxime était excellente ; mais elle fut poussée si loin qu'il en résulta enfin un changement et certainement un abus dans la police.

Premièrement, les censeurs, après s'être arrogé longtemps le droit de transférer arbitrairement les citoyens d'une tribu à l'autre, permirent à la plupart de se faire inscrire dans celle qui leur plaisait ; permission qui sûrement n'était bonne à rien, et ôtait un des grands ressorts de la censure. De plus, les grands et les puissants se faisant tous inscrire dans les tribus de la campagne, et les affranchis devenus citoyens restant avec la populace dans celles de la ville, les tribus en général n'eurent plus de lieu ni de territoire ; mais toutes se trouvèrent tellement mêlées qu'on ne pouvait plus discerner les membres de chacune que par les registres, en sorte que l'idée du mot *tribu* passa ainsi du réel au personnel ou, plutôt, devint presque une chimère.

Il arriva encore que les tribus de la ville, étant plus à portée, se trouvèrent souvent les plus fortes dans les comices, et vendirent l'État à ceux qui daignaient acheter les suffrages de la canaille qui les composait.

A l'égard des curies, l'instituteur en ayant fait dix en chaque tribu, tout le peuple romain alors renfermé dans les murs de la ville se trouva composé de trente curies, dont chacune avait ses temples, ses dieux, ses officiers, ses prêtres, et ses fêtes appelées *compitalia*, semblables aux *paganalia* qu'eurent dans la suite les tribus rustiques.

Au nouveau partage de Servius ce nombre de trente ne pouvant se répartir également dans ses quatre tribus, il n'y voulut point toucher, et les curies indépendantes des tribus devinrent une autre division des habitants de Rome. Mais il ne fut point question de curies ni dans les tribus rustiques ni dans le peuple qui les composait, parce que les tribus étant devenues un établissement purement civil, et une autre police ayant été introduite pour la levée des troupes, les divisions militaires de Romulus se trouvèrent superflues. Ainsi, quoique tout citoyen fût inscrit dans une tribu, il s'en fallait beaucoup que chacun ne le fût dans une curie.

Servius fit encore une troisième division qui n'avait aucun rapport aux deux précédentes, et devint par ses effets la plus importante de toutes. Il distribua tout le peuple romain en six classes, qu'il ne distingua ni par le lieu ni par les hommes, mais par les biens. En sorte que les premières classes étaient remplies par les riches, les dernières par les pauvres, et les moyennes par ceux qui jouissaient d'une fortune médiocre. Ces six classes étaient subdivisées en cent quatre-vingt-treize autres corps appelés centuries, et ces corps étaient tellement distribués que la première classe en comprenait seule plus de la moitié, et la dernière n'en formait qu'un seul. Il se trouva ainsi que la classe la moins nombreuse en hommes l'était le plus en centuries, et que la dernière classe entière n'était comptée que pour une subdivision, bien qu'elle contînt seule plus de la moitié des habitants de Rome.

Afin que le peuple pénétrât moins les conséquences de cette dernière forme, Servius affecta de lui donner un air militaire : il inséra dans la seconde classe deux centuries d'armuriers, et deux d'instruments de guerre dans la quatrième. Dans chaque classe, excepté la dernière, il distingua les jeunes et les vieux, c'est-à-dire ceux qui étaient obligés de porter les armes, et ceux que leur âge en exemptait par les lois ; distinction qui plus que celle des biens produisit la nécessité de recommencer souvent le cens ou dénombrement. Enfin il voulut que l'assemblée se tînt au champ de Mars, et que tous ceux qui étaient en âge de servir y vinssent avec leurs armes.

La raison pour laquelle il ne suivit pas dans la dernière classe cette même division des jeunes et des vieux, c'est qu'on n'accordait point à la populace dont elle était composée l'honneur de porter les armes pour la patrie; il fallait avoir des foyers pour obtenir le droit de les défendre, et de ces innombrables troupes de gueux dont brillent aujourd'hui les armées des rois, il n'y en a pas un, peut-être, qui n'eût été chassé avec dédain d'une cohorte romaine, quand les soldats étaient les défenseurs de la liberté.

On distingua pourtant encore dans la dernière classe les *prolétaires* de ceux qu'on appelait *capite censi*. Les premiers, non tout à fait réduits à rien, donnaient au moins des citoyens à l'État, quelquefois même des soldats dans les besoins pressants. Pour ceux qui n'avaient rien du tout et qu'on ne pouvait dénombrer que par leurs têtes, ils étaient tout à fait regardés comme nuls, et Marius fut le premier qui daigna les enrôler.

Sans décider ici si ce troisième dénombrement était bon ou mauvais en lui-même, je crois pouvoir affirmer qu'il n'y avait que les mœurs simples des premiers Romains, leur désintéressement, leur goût pour l'agriculture, leur mépris pour le commerce et pour l'ardeur du gain, qui pussent le rendre praticable. Où est le peuple moderne chez lequel la dévorante avidité, l'esprit inquiet, l'intrigue, les déplacements continuels, les perpétuelles révolutions des fortunes pussent laisser durer vingt ans un pareil établissement sans bouleverser tout l'État? Il faut même bien remarquer que les mœurs et la censure plus fortes que cette institution en corrigèrent le vice à Rome, et que tel riche se vit relégué dans la classe des pauvres, pour avoir trop étalé sa richesse.

De tout ceci l'on peut comprendre aisément pourquoi il n'est presque jamais fait mention que de cinq classes, quoiqu'il y en eût réellement six. La sixième, ne fournissant ni soldats à l'armée ni votants au champ de Mars* et n'étant presque d'aucun usage dans la

* Je dis, au *champ de Mars*, parce que c'était là que s'assemblaient les comices par centuries; dans les deux autres formes le peuple s'assemblait au *forum* ou ailleurs, et alors les *capite censi* avaient autant d'influence et d'autorité que les premiers citoyens.

République, était rarement comptée pour quelque chose.

Telles furent les différentes divisions du peuple romain. Voyons à présent l'effet qu'elles produisaient dans les assemblées. Ces assemblées légitimement convoquées s'appelaient *comices* ; elles se tenaient ordinairement dans la place de Rome ou au champ de Mars, et se distinguaient en comices par curies, comices par centuries, et comices par tribus, selon celle de ces trois formes sur laquelle elles étaient ordonnées : les comices par curies étaient de l'institution de Romulus, ceux par centuries de Servius, ceux par tribus des tribuns du peuple. Aucune loi ne recevait la sanction, aucun magistrat n'était élu que dans les comices, et comme il n'y avait aucun citoyen qui ne fût inscrit dans une curie, dans une centurie, ou dans une tribu, il s'ensuit qu'aucun citoyen n'était exclu du droit de suffrage, et que le peuple romain était véritablement souverain de droit et de fait.

Pour que les comices fussent légitimement assemblés et que ce qui s'y faisait eût force de loi il fallait trois conditions : la première que le corps ou le magistrat qui les convoquait fût revêtu pour cela de l'autorité nécessaire ; la seconde que l'assemblée se fît un des jours permis par la loi ; la troisième que les augures fussent favorables.

La raison du premier règlement n'a pas besoin d'être expliquée. Le second est une affaire de police ; ainsi il n'était pas permis de tenir les comices les jours de férie et de marché, où les gens de la campagne venant à Rome pour leurs affaires n'avaient pas le temps de passer la journée dans la place publique. Par le troisième le Sénat tenait en bride un peuple fier et remuant, et tempérait à propos l'ardeur des tribuns séditieux ; mais ceux-ci trouvèrent plus d'un moyen de se délivrer de cette gêne.

Les lois et l'élection des chefs n'étaient pas les seuls points soumis au jugement des comices. Le peuple romain ayant usurpé les plus importantes fonctions du gouvernement, on peut dire que le sort de l'Europe était réglé dans ses assemblées. Cette variété d'objets donnait lieu aux diverses formes que prenaient ces assemblées selon les matières sur lesquelles il avait à prononcer.

Pour juger de ces diverses formes il suffit de les comparer. Romulus en instituant les curies avait en vue de contenir le Sénat par le peuple et le peuple par le Sénat, en dominant également sur tous. Il donna donc au peuple par cette forme toute l'autorité du nombre pour balancer celle de la puissance et des richesses qu'il laissait aux patriciens. Mais selon l'esprit de la monarchie, il laissa cependant plus d'avantage aux patriciens par l'influence de leurs clients sur la pluralité des suffrages. Cette admirable institution des patrons et des clients fut un chef-d'œuvre de politique et d'humanité, sans lequel le patriciat, si contraire à l'esprit de la République, n'eût pu subsister. Rome seule a eu l'honneur de donner au monde ce bel exemple, duquel il ne résulta jamais d'abus, et qui pourtant n'a jamais été suivi.

Cette même forme des curies ayant subsisté sous les rois jusqu'à Servius, et le règne du dernier Tarquin n'étant point compté pour légitime, cela fit distinguer généralement les lois royales par le nom de *leges curiatae*.

Sous la République les curies, toujours bornées aux quatre tribus urbaines, et ne contenant plus que la populace de Rome, ne pouvaient convenir ni au Sénat qui était à la tête des patriciens, ni aux tribuns qui, quoique plébéiens, étaient à la tête des citoyens aisés. Elles tombèrent donc dans le discrédit, et leur avilissement fut tel que leurs trente licteurs assemblés faisaient ce que les comices par curies auraient dû faire.

La division par centuries était si favorable à l'aristocratie qu'on ne voit pas d'abord comment le Sénat ne l'emportait pas toujours dans les comices qui portaient ce nom, et par lesquels étaient élus les consuls, les censeurs, et les autres magistrats curules. En effet des cent quatre-vingt-treize centuries qui formaient les six classes de tout le peuple romain, la première classe en comprenant quatre-vingt-dix-huit, et les voix ne se

comptant que par centuries, cette seule première
classe l'emportait en nombre de voix sur toutes les
autres. Quand toutes ses centuries étaient d'accord on
ne continuait pas même à recueillir les suffrages; ce
qu'avait décidé le plus petit nombre passait pour une
décision de la multitude, et l'on peut dire que dans
les comices par centuries les affaires se réglaient à la
pluralité des écus bien plus qu'à celle des voix.

Mais cette extrême autorité se tempérait par deux
moyens. Premièrement les tribuns pour l'ordinaire, et
toujours un grand nombre de plébéiens, étant dans la
classe des riches balançaient le crédit des patriciens
dans cette première classe.

Le second moyen consistait en ceci, qu'au lieu de
faire d'abord voter les centuries selon leur ordre, ce
qui aurait toujours fait commencer par la première,
on en tirait une au sort, et celle-là* procédait seule à
l'élection; après quoi toutes les centuries appelées
un autre jour selon leur rang répétaient la même
élection et la confirmaient ordinairement. On ôtait
ainsi l'autorité de l'exemple au rang pour la donner
au sort selon le principe de la démocratie.

Il résultait de cet usage un autre avantage encore;
c'est que les citoyens de la campagne avaient le temps
entre les deux élections de s'informer du mérite du
candidat provisionnellement nommé, afin de ne donner
leur voix qu'avec connaissance de cause. Mais sous
prétexte de célérité l'on vint à bout d'abolir cet usage,
et les deux élections se firent le même jour.

Les comices par tribus étaient proprement le conseil
du peuple romain. Ils ne se convoquaient que par les
tribuns; les tribuns y étaient élus et y passaient leurs
plébiscites. Non seulement le Sénat n'y avait point de
rang, il n'avait pas même le droit d'y assister, et forcés
d'obéir à des lois sur lesquelles ils n'avaient pu voter,
les sénateurs à cet égard étaient moins libres que les
derniers citoyens. Cette injustice était tout à fait mal

* Cette centurie ainsi tirée au sort s'appelait *prae rogativa*, à
cause qu'elle était la première à qui l'on demandait son suffrage,
et c'est de là qu'est venu le mot de *prérogative*.

entendue, et suffisait seule pour invalider les décrets
d'un corps où tous ses membres n'étaient pas admis.
Quand tous les patriciens eussent assisté à ces comices
selon le droit qu'ils en avaient comme citoyens, devenus
alors simples particuliers ils n'eussent guère influé sur
une forme de suffrages qui se recueillaient par tête, et
où le moindre prolétaire pouvait autant que le prince
du Sénat.

On voit donc qu'outre l'ordre qui résultait de ces
diverses distributions pour le recueillement des suffrages
d'un si grand peuple, ces distributions ne se réduisaient
pas à des formes indifférentes en elles-mêmes, mais
que chacune avait des effets relatifs aux vues qui la
faisaient préférer.

Sans entrer là-dessus en de plus longs détails, il
résulte des éclaircissements précédents que les comices
par tribus étaient les plus favorables au gouvernement
populaire, et les comices par centuries à l'aristocratie.
A l'égard des comices par curies où la seule populace
de Rome formait la pluralité, comme ils n'étaient bons
qu'à favoriser la tyrannie et les mauvais desseins, ils
durent tomber dans le décri, les séditieux eux-mêmes
s'abstenant d'un moyen qui mettait trop à découvert
leurs projets. Il est certain que toute la majesté du
peuple romain ne se trouvait que dans les comices
par centuries, qui seuls étaient complets; attendu que
dans les comices par curies manquaient les tribus
rustiques, et dans les comices par tribus le Sénat et les
patriciens.

Quant à la manière de recueillir les suffrages, elle
était chez les premiers Romains aussi simple que leurs
mœurs, quoique moins simple encore qu'à Sparte.
Chacun donnait son suffrage à haute voix, un greffier
les écrivait à mesure; pluralité de voix dans chaque
tribu déterminait le suffrage de la tribu, pluralité de
voix entre les tribus déterminait le suffrage du peuple,
et ainsi des curies et des centuries. Cet usage était
bon tant que l'honnêteté régnait entre les citoyens et
que chacun avait honte de donner publiquement son
suffrage à un avis injuste ou à un sujet indigne; mais
quand le peuple se corrompit et qu'on acheta les voix,

il convint qu'elles se donnassent en secret pour contenir les acheteurs par la défiance, et fournir aux fripons le moyen de n'être pas des traîtres.

Je sais que Cicéron blâme ce changement et lui attribue en partie la ruine de la République. Mais quoique je sente le poids que doit avoir ici l'autorité de Cicéron, je ne puis être de son avis. Je pense, au contraire, que pour n'avoir pas fait assez de changements semblables on accéléra la perte de l'État. Comme le régime des gens sains n'est pas propre aux malades, il ne faut pas vouloir gouverner un peuple corrompu par les mêmes lois qui conviennent à un bon peuple. Rien ne prouve mieux cette maxime que la durée de la République de Venise, dont le simulacre existe encore, uniquement parce que ses lois ne conviennent qu'à de méchants hommes.

On distribua donc aux citoyens des tablettes par lesquelles chacun pouvait voter sans qu'on sût quel était son avis. On établit aussi de nouvelles formalités pour le recueillement des tablettes, le compte des voix, la comparaison des nombres, etc. Ce qui n'empêcha pas que la fidélité des officiers chargés de ces fonctions* ne fût souvent suspectée. On fit enfin, pour empêcher la brigue et le trafic des suffrages, des édits dont la multitude montre l'inutilité.

Vers les derniers temps, on était souvent contraint de recourir à des expédients extraordinaires pour suppléer à l'insuffisance des lois. Tantôt on supposait des prodiges; mais ce moyen qui pouvait en imposer au peuple n'en imposait pas à ceux qui le gouvernaient; tantôt on convoquait brusquement une assemblée avant que les candidats eussent eu le temps de faire leurs brigues; tantôt on consumait toute une séance à parler quand on voyait le peuple gagné prêt à prendre un mauvais parti. Mais enfin l'ambition éluda tout; et ce qu'il y a d'incroyable, c'est qu'au milieu de tant d'abus ce peuple immense, à la faveur de ses anciens règlements, ne laissait pas d'élire les

---

* *Custodes, Distributores* [Éd. de 1782 : Diribitores], *Rogatores suffragiorum.*

magistrats, de passer les lois, de juger les causes, d'expédier les affaires particulières et publiques, presque avec autant de facilité qu'eût pu faire le Sénat lui-même.

CHAPITRE V

DU TRIBUNAT

Quand on ne peut établir une exacte proportion entre les parties constitutives de l'État, ou que des causes indestructibles en altèrent sans cesse les rapports, alors on institue une magistrature particulière qui ne fait point corps avec les autres, qui replace chaque terme dans son vrai rapport, et qui fait une liaison ou un moyen terme soit entre le prince et le peuple, soit entre le prince et le souverain, soit à la fois des deux côtés s'il est nécessaire.

Ce corps, que j'appellerai *tribunat*, est le conservateur des lois et du pouvoir législatif. Il sert quelquefois à protéger le souverain contre le gouvernement, comme faisaient à Rome les tribuns du peuple, quelquefois à soutenir le gouvernement contre le peuple, comme fait maintenant à Venise le conseil des Dix, et quelquefois à maintenir l'équilibre de part et d'autre, comme faisaient les éphores à Sparte.

Le tribunat n'est point une partie constitutive de la cité, et ne doit avoir aucune portion de la puissance législative ni de l'exécutive, mais c'est en cela même que la sienne est plus grande : car ne pouvant rien faire il peut tout empêcher. Il est plus sacré et plus révéré comme défenseur des lois que le prince qui les exécute et que le souverain qui les donne. C'est ce qu'on vit bien clairement à Rome quand ces fiers patriciens, qui méprisèrent toujours le peuple entier, furent forcés de fléchir devant un simple officier du peuple, qui n'avait ni auspices ni juridiction.

Le tribunat sagement tempéré est le plus ferme

appui d'une bonne constitution ; mais pour peu de force qu'il ait de trop il renverse tout. A l'égard de la faiblesse, elle n'est pas dans sa nature, et pourvu qu'il soit quelque chose, il n'est jamais moins qu'il ne faut.

Il dégénère en tyrannie quand il usurpe la puissance exécutive dont il n'est que le modérateur, et qu'il veut dispenser les lois qu'il ne doit que protéger. L'énorme pouvoir des éphores, qui fut sans danger tant que Sparte conserva ses mœurs, en accéléra la corruption commencée. Le sang d'Agis égorgé par ces tyrans fut vengé par son successeur : le crime et le châtiment des éphores hâtèrent également la perte de la République, et après Cléomène Sparte ne fut plus rien. Rome périt encore par la même voie, et le pouvoir excessif des tribuns usurpé par degrés servit enfin, à l'aide des lois faites pour la liberté, de sauvegarde aux empereurs qui la détruisirent. Quant au conseil des Dix à Venise, c'est un tribunal de sang, horrible également aux patriciens et au peuple, et qui, loin de protéger hautement les lois, ne sert plus, après leur avilissement, qu'à porter dans les ténèbres des coups qu'on n'ose apercevoir.

Le tribunat s'affaiblit comme le gouvernement par la multiplication de ses membres. Quand les tribuns du peuple romain, d'abord au nombre de deux, puis de cinq, voulurent doubler ce nombre, le Sénat les laissa faire, bien sûr de contenir les uns par les autres ; ce qui ne manqua pas d'arriver.

Le meilleur moyen de prévenir les usurpations d'un si redoutable corps, moyen dont nul gouvernement ne s'est avisé jusqu'ici, serait de ne pas rendre ce corps permanent, mais de régler des intervalles durant lesquels il resterait supprimé. Ces intervalles, qui ne doivent pas être assez grands pour laisser aux abus le temps de s'affermir, peuvent être fixés par la loi, de manière qu'il soit aisé de les abréger au besoin par des commissions extraordinaires.

Ce moyen me paraît sans inconvénient, parce que, comme je l'ai dit, le tribunat ne faisant point partie de la constitution peut être ôté sans qu'elle en souffre ; et

il me paraît efficace, parce qu'un magistrat nouvelle-
ment rétabli ne part point du pouvoir qu'avait son
prédécesseur, mais de celui que la loi lui donne.

CHAPITRE VI

DE LA DICTATURE

L'inflexibilité des lois, qui les empêche de se plier
aux événements, peut en certains cas les rendre
pernicieuses, et causer par elles la perte de l'État dans
sa crise. L'ordre et la lenteur des formes demandent
un espace de temps que les circonstances refusent
quelquefois. Il peut se présenter mille cas auxquels
le législateur n'a point pourvu, et c'est une prévoyance
très nécessaire de sentir qu'on ne peut tout prévoir.

Il ne faut donc pas vouloir affermir les institutions
politiques jusqu'à s'ôter le pouvoir d'en suspendre
l'effet. Sparte elle-même a laissé dormir ses lois.

Mais il n'y a que les plus grands dangers qui puissent
balancer celui d'altérer l'ordre public, et l'on ne doit
jamais arrêter le pouvoir sacré des lois que quand il
s'agit du salut de la patrie. Dans ces cas rares et mani-
festes on pourvoit à la sûreté publique par un acte
particulier qui en remet la charge au plus digne.
Cette commission peut se donner de deux manières
selon l'espèce du danger.

Si pour y remédier il suffit d'augmenter l'activité du
gouvernement, on le concentre dans un ou deux de ses
membres. Ainsi ce n'est pas l'autorité des lois qu'on
altère mais seulement la forme de leur administration.
Que si le péril est tel que l'appareil des lois soit un
obstacle à s'en garantir, alors on nomme un chef
suprême qui fasse taire toutes les lois et suspende un
moment l'autorité souveraine; en pareil cas la volonté
générale n'est pas douteuse, et il est évident que la
première intention du peuple est que l'État ne périsse
pas. De cette manière la suspension de l'autorité

législative ne l'abolit point; le magistrat qui la fait taire ne peut la faire parler, il la domine sans pouvoir la représenter; il peut tout faire, excepté des lois.

Le premier moyen s'employait par le Sénat romain quand il chargeait les consuls par une formule consacrée de pourvoir au salut de la République; le second avait lieu quand un des deux consuls nommait un dictateur*; usage dont Albe avait donné l'exemple à Rome.

Dans les commencements de la République on eut très souvent recours à la dictature, parce que l'État n'avait pas encore une assiette assez fixe pour pouvoir se soutenir par la force de sa constitution. Les mœurs rendant alors superflues bien des précautions qui eussent été nécessaires dans un autre temps, on ne craignait ni qu'un dictateur abusât de son autorité, ni qu'il tentât de la garder au-delà du terme. Il semblait, au contraire, qu'un si grand pouvoir fût à charge à celui qui en était revêtu, tant il se hâtait de s'en défaire; comme si c'eût été un poste trop pénible et trop périlleux de tenir la place des lois!

Aussi n'est-ce pas le danger de l'abus mais celui de l'avilissement qui fait blâmer l'usage indiscret de cette suprême magistrature dans les premiers temps. Car tandis qu'on la prodiguait à des élections, à des dédicaces, à des choses de pure formalité, il était à craindre qu'elle ne devînt moins redoutable au besoin, et qu'on ne s'accoutumât à regarder comme un vain titre celui qu'on n'employait qu'à de vaines cérémonies.

Vers la fin de la République, les Romains, devenus plus circonspects, ménagèrent la dictature avec aussi peu de raison qu'ils l'avaient prodiguée autrefois. Il était aisé de voir que leur crainte était mal fondée, que la faiblesse de la capitale faisait alors sa sûreté contre les magistrats qu'elle avait dans son sein, qu'un dictateur pouvait en certains cas défendre la liberté publique sans jamais y pouvoir attenter, et que les

---

* Cette nomination se faisait de nuit et en secret, comme si l'on avait eu honte de mettre un homme au-dessus des lois.

fers de Rome ne seraient point forgés dans Rome
même, mais dans ses armées : le peu de résistance que
firent Marius à Sylla, et Pompée à César, montra bien
ce qu'on pouvait attendre de l'autorité du dedans
contre la force du dehors.

Cette erreur leur fit faire de grandes fautes. Telle, par
exemple, fut celle de n'avoir pas nommé un dictateur
dans l'affaire de Catilina ; car comme il n'était question
que du dedans de la ville, et, tout au plus, de quelque
province d'Italie, avec l'autorité sans bornes que les
lois donnaient au dictateur il eût facilement dissipé
la conjuration, qui ne fut étouffée que par un concours
d'heureux hasards que jamais la prudence humaine ne
devait attendre.

Au lieu de cela, le Sénat se contenta de remettre
tout son pouvoir aux consuls ; d'où il arriva que
Cicéron, pour agir efficacement, fut contraint de
passer ce pouvoir dans un point capital, et que, si
les premiers transports de joie firent approuver sa
conduite, ce fut avec justice que dans la suite on lui
demanda compte du sang des citoyens versé contre les
lois ; reproche qu'on n'eût pu faire à un dictateur.
Mais l'éloquence du consul entraîna tout ; et lui-même,
quoique Romain, aimant mieux sa gloire que sa patrie,
ne cherchait pas tant le moyen le plus légitime et le
plus sûr de sauver l'État que celui d'avoir tout l'honneur de cette affaire*. Aussi fut-il honoré justement
comme libérateur de Rome, et justement puni comme
infracteur des lois. Quelque brillant qu'ait été son
rappel, il est certain que ce fut une grâce.

Au reste, de quelque manière que cette importante
commission soit conférée, il importe d'en fixer la durée
à un terme très court qui jamais ne puisse être prolongé ;
dans les crises qui la font établir l'État est bientôt
détruit ou sauvé, et, passé le besoin pressant, la dictature devient tyrannique ou vaine. A Rome les dicta-
teurs ne l'étant que pour six mois, la plupart abdi-

---

* C'est ce dont il ne pouvait se répondre en proposant un
dictateur, n'osant se nommer lui-même et ne pouvant s'assurer
que son collègue le nommerait.

quèrent avant ce terme. Si le terme eût été plus long,
peut-être eussent-ils été tentés de le prolonger encore,
comme firent les décemvirs celui d'une année. Le
dictateur n'avait que le temps de pourvoir au besoin
qui l'avait fait élire, il n'avait pas celui de songer à
d'autres projets.

CHAPITRE VII

DE LA CENSURE

De même que la déclaration de la volonté générale
se fait par la loi, la déclaration du jugement public
se fait par la censure; l'opinion publique est l'espèce
de loi dont le censeur est le ministre, et qu'il ne fait
qu'appliquer aux cas particuliers, à l'exemple du
prince.

Loin donc que le tribunal censorial soit l'arbitre de
l'opinion du peuple, il n'en est que le déclarateur, et
sitôt qu'il s'en écarte, ses décisions sont vaines et sans
effet.

Il est inutile de distinguer les mœurs d'une nation des
objets de son estime; car tout cela tient au même
principe et se confond nécessairement. Chez tous les
peuples du monde, ce n'est point la nature mais
l'opinion qui décide du choix de leurs plaisirs. Redres-
sez les opinions des hommes et leurs mœurs s'épureront
d'elles-mêmes. On aime toujours ce qui est beau ou ce
qu'on trouve tel, mais c'est sur ce jugement qu'on se
trompe; c'est donc ce jugement qu'il s'agit de régler.
Qui juge des mœurs juge de l'honneur, et qui juge de
l'honneur prend sa loi de l'opinion.

Les opinions d'un peuple naissent de sa constitution; quoique la loi ne règle pas les mœurs, c'est la
législation qui les fait naître; quand la législation
s'affaiblit les mœurs dégénèrent, mais alors le jugement
des censeurs ne fera pas ce que la force des lois n'aura
pas fait.

Il suit de là que la censure peut être utile pour conserver les mœurs, jamais pour les rétablir. Établissez des censeurs durant la vigueur des lois; sitôt qu'elles l'ont perdue, tout est désespéré; rien de légitime n'a plus de force lorsque les lois n'en ont plus.

La censure maintient les mœurs en empêchant les opinions de se corrompre, en conservant leur droiture par de sages applications, quelquefois même en les fixant lorsqu'elles sont encore incertaines. L'usage des seconds dans les duels, porté jusqu'à la fureur dans le royaume de France, y fut aboli par ces seuls mots d'un édit du Roi : *Quant à ceux qui ont la lâcheté d'appeler des seconds.* Ce jugement prévenant celui du public le détermina tout d'un coup. Mais quand les mêmes édits voulurent prononcer que c'était aussi une lâcheté de se battre en duel, ce qui est très vrai, mais contraire à l'opinion commune, le public se moqua de cette décision sur laquelle son jugement était déjà porté.

J'ai dit ailleurs* que l'opinion publique n'étant point soumise à la contrainte, il n'en fallait aucun vestige dans le tribunal établi pour la représenter. On ne peut trop admirer avec quel art ce ressort, entièrement perdu chez les modernes, était mis en œuvre chez les Romains et mieux chez les Lacédémoniens.

Un homme de mauvaises mœurs ayant ouvert un bon avis dans le conseil de Sparte, les éphores sans en tenir compte firent proposer le même avis par un citoyen vertueux. Quel honneur pour l'un, quelle honte pour l'autre, sans avoir donné ni louange ni blâme à aucun des deux! Certains ivrognes de Samos [1] souillèrent le tribunal des éphores : le lendemain par édit public il fut permis aux Samiens d'être des vilains. Un vrai châtiment eût été moins sévère qu'une pareille impunité. Quand Sparte a prononcé sur ce qui est ou n'est pas honnête, la Grèce n'appelle pas de ses jugements.

* Je ne fais qu'indiquer dans ce chapitre ce que j'ai traité plus au long dans la *Lettre à M. d'Alembert.*

1 Note ajoutée dans l'édition de 1782 : « *Ils étaient d'une autre île* [Chio], *que la délicatesse de notre langue défend de nommer dans cette occasion.* »

CHAPITRE VIII

DE LA RELIGION CIVILE

Les hommes n'eurent point d'abord d'autres rois que les dieux, ni d'autre gouvernement que le théocratique. Ils firent le raisonnement de Caligula, et alors ils raisonnaient juste. Il faut une longue altération de sentiments et d'idées pour qu'on puisse se résoudre à prendre son semblable pour maître, et se flatter qu'on s'en trouvera bien.

De cela seul qu'on mettait Dieu à la tête de chaque société politique, il s'ensuivit qu'il y eut autant de dieux que de peuples. Deux peuples étrangers l'un à l'autre, et presque toujours ennemis, ne purent longtemps reconnaître un même maître : deux armées se livrant bataille ne sauraient obéir au même chef. Ainsi des divisions nationales résulta le polythéisme, et de là l'intolérance théologique et civile qui naturellement est la même, comme il sera dit ci-après.

La fantaisie qu'eurent les Grecs de retrouver leurs dieux chez les peuples barbares vint de celle qu'ils avaient aussi de se regarder comme les souverains naturels de ces peuples. Mais c'est de nos jours une érudition bien ridicule que celle qui roule sur l'identité des dieux de diverses nations; comme si Moloch, Saturne et Chronos pouvaient être le même dieu; comme si le Baal des Phéniciens, le Zeus des Grecs et le Jupiter des Latins pouvaient être le même; comme s'il pouvait rester quelque chose commune à des êtres chimériques portant des noms différents!

Que si l'on demande comment dans le paganisme où chaque État avait son culte et ses dieux il n'y avait point de guerres de religion? Je réponds que c'était par cela même que chaque État, ayant son culte propre aussi bien que son gouvernement, ne distinguait point ses dieux de ses lois. La guerre politique était aussi théologique : les départements des dieux étaient, pour ainsi dire, fixés par les bornes des nations. Le dieu d'un peuple n'avait aucun droit sur les autres peuples. Les dieux des païens n'étaient point des dieux jaloux ; ils partageaient entre eux l'empire du monde : Moïse même et le peuple hébreu se prêtaient quelquefois à cette idée en parlant du Dieu d'Israël. Ils regardaient, il est vrai, comme nuls les dieux des Chananéens, peuples proscrits, voués à la destruction, et dont ils devaient occuper la place ; mais voyez comment ils parlaient des divinités des peuples voisins qu'il leur était défendu d'attaquer ! *La possession de ce qui appartient à Chamos votre Dieu*, disait Jephté aux Ammonites, *ne vous est-elle pas légitimement due ? Nous possédons au même titre les terres que notre Dieu vainqueur s'est acquises**. C'était là, ce me semble, une parité bien reconnue entre les droits de Chamos et ceux du Dieu d'Israël.

Mais quand les Juifs, soumis aux rois de Babylone et dans la suite aux rois de Syrie, voulurent s'obstiner à ne reconnaître aucun autre dieu que le leur, ce refus, regardé comme une rébellion contre le vainqueur, leur attira les persécutions qu'on lit dans leur histoire, et dont on ne voit aucun autre exemple avant le christianisme**.

Chaque religion étant donc uniquement attachée aux lois de l'État qui la prescrivait, il n'y avait point d'autre manière de convertir un peuple que de l'asservir, ni d'autres missionnaires que les conquérants et, l'obligation de changer de culte étant la loi des vaincus, il fallait commencer par vaincre avant d'en parler. Loin que les hommes combattissent pour les

* *Nonne ea quae possidet Chamos deus tuus tibi jure debentur ?* Tel est le texte de la Vulgate. Le Père de Carrières a traduit : *Ne croyez-vous pas avoir droit de posséder ce qui appartient à Chamos votre Dieu ?* J'ignore la force du texte hébreu ; mais je vois que dans la Vulgate Jephté reconnaît positivement le droit du dieu Chamos, et que le traducteur français affaiblit cette reconnaissance par un *selon vous* qui n'est pas dans le latin.

** Il est de la dernière évidence que la guerre des Phociens appelée guerre sacrée n'était point une guerre de religion. Elle avait pour objet de punir des sacrilèges et non de soumettre des mécréants.

dieux, c'étaient, comme dans Homère, les dieux qui combattaient pour les hommes ; chacun demandait au sien la victoire, et la payait par de nouveaux autels. Les Romains, avant de prendre une place, sommaient ses dieux de l'abandonner, et quand ils laissaient aux Tarentins leurs dieux irrités, c'est qu'ils regardaient alors ces dieux comme soumis aux leurs et forcés de leur faire hommage : Ils laissaient aux vaincus leurs dieux comme ils leur laissaient leurs lois. Une couronne au Jupiter du Capitole était souvent le seul tribut qu'ils imposaient.

Enfin les Romains ayant étendu avec leur empire leur culte et leurs dieux, et ayant souvent eux-mêmes adopté ceux des vaincus en accordant aux uns et aux autres le droit de cité, les peuples de ce vaste empire se trouvèrent insensiblement avoir des multitudes de dieux et de cultes, à peu près les mêmes partout ; et voilà comment le paganisme ne fut enfin dans le monde connu qu'une seule et même religion.

Ce fut dans ces circonstances que Jésus vint établir sur la terre un royaume spirituel ; ce qui, séparant le système théologique du système politique, fit que l'État cessa d'être un, et causa les divisions intestines qui n'ont jamais cessé d'agiter les peuples chrétiens. Or cette idée nouvelle d'un royaume de l'autre monde n'ayant pu jamais entrer dans la tête des païens, ils regardèrent toujours les chrétiens comme de vrais rebelles qui, sous une hypocrite soumission, ne cherchaient que le moment de se rendre indépendants et maîtres, et d'usurper adroitement l'autorité qu'ils feignaient de respecter dans leur faiblesse. Telle fut la cause des persécutions.

Ce que les païens avaient craint est arrivé ; alors tout a changé de face, les humbles chrétiens ont changé de langage, et bientôt on a vu ce prétendu royaume de l'autre monde devenir sous un chef visible le plus violent despotisme dans celui-ci.

Cependant, comme il y a toujours eu un prince et des lois civiles, il a résulté de cette double puissance un perpétuel conflit de juridiction qui a rendu toute bonne *politie* impossible dans les États chrétiens, et l'on n'a jamais pu venir à bout de savoir auquel du maître ou du prêtre on était obligé d'obéir.

Plusieurs peuples cependant, même dans l'Europe ou à son voisinage, ont voulu conserver ou rétablir l'ancien système, mais sans succès; l'esprit du christianisme a tout gagné. Le culte sacré est toujours resté ou redevenu indépendant du souverain, et sans liaison nécessaire avec le corps de l'État. Mahomet eut des vues très saines, il lia bien son système politique, et tant que la forme de son gouvernement subsista sous les califes ses successeurs, ce gouvernement fut exactement un, et bon en cela. Mais les Arabes devenus florissants, lettrés, polis, mous et lâches, furent subjugués par des barbares; alors la division entre les deux puissances recommença; quoiqu'elle soit moins apparente chez les mahométans que chez les chrétiens, elle y est pourtant, surtout dans la secte d'Ali, et il y a des États, tels que la Perse, où elle ne cesse de se faire sentir.

Parmi nous, les rois d'Angleterre se sont établis chefs de l'Église, autant en ont fait les czars; mais par ce titre ils s'en sont moins rendus les maîtres que les ministres; ils ont moins acquis le droit de la changer que le pouvoir de la maintenir. Ils n'y sont pas législateurs, ils n'y sont que princes. Partout où le clergé fait un corps* il est maître et législateur dans sa partie. Il y a donc deux puissances, deux souverains, en Angleterre et en Russie, tout comme ailleurs.

De tous les auteurs chrétiens le philosophe Hobbes est le seul qui ait bien vu le mal et le remède, qui ait osé proposer de réunir les deux têtes de l'aigle, et de tout ramener à l'unité politique, sans laquelle jamais

---

* Il faut bien remarquer que ce ne sont pas tant des assemblées formelles, comme celles de France, qui lient le clergé en un corps, que la communion des Églises. La communion et l'excommunication sont le pacte social du clergé, pacte avec lequel il sera toujours le maître des peuples et des rois. Tous les prêtres qui communiquent ensemble sont concitoyens, fussent-ils des deux bouts du monde. Cette invention est un chef-d'œuvre en politique. Il n'y avait rien de semblable parmi les prêtres païens; aussi n'ont-ils jamais fait un corps de clergé.

État ni gouvernement ne sera bien constitué. Mais il a dû voir que l'esprit dominateur du christianisme était incompatible avec son système, et que l'intérêt du prêtre serait toujours plus fort que celui de l'État. Ce n'est pas tant ce qu'il y a d'horrible et de faux dans sa politique que ce qu'il y a de juste et de vrai qui l'a rendue odieuse*.

Je crois qu'en développant sous ce point de vue les faits historiques on réfuterait aisément les sentiments opposés de Bayle et de Warburton, dont l'un prétend que nulle religion n'est utile au corps politique, et dont l'autre soutient au contraire que le christianisme en est le plus ferme appui. On prouverait au premier que jamais État ne fut fondé que la religion ne lui servît de base, et au second que la loi chrétienne est au fond plus nuisible qu'utile à la forte constitution de l'État. Pour achever de me faire entendre, il ne faut que donner un peu plus de précision aux idées trop vagues de religion relatives à mon sujet.

La religion considérée par rapport à la société, qui est ou générale ou particulière, peut aussi se diviser en deux espèces, savoir la religion de l'homme et celle du citoyen. La première, sans temples, sans autels, sans rites, bornée au culte purement intérieur du dieu suprême et aux devoirs éternels de la morale, est la pure et simple religion de l'Évangile, le vrai théisme, et ce qu'on peut appeler le droit divin naturel. L'autre, inscrite dans un seul pays, lui donne ses dieux, ses patrons propres et tutélaires : elle a ses dogmes, ses rites, son culte extérieur prescrit par des lois; hors la seule nation qui la suit, tout est pour elle infidèle, étranger, barbare; elle n'étend les devoirs et les droits de l'homme qu'aussi loin que ses autels. Telles furent toutes les religions des premiers peuples, auxquelles on peut donner le nom de droit divin civil ou positif.

Il y a une troisième sorte de religion plus bizarre,

---

*   Voyez entre autres dans une lettre de Grotius à son frère du 11 avril 1643 ce que ce savant homme approuve et ce qu'il blâme dans le livre *de Cive*. Il est vrai que, porté à l'indulgence, il paraît pardonner à l'auteur le bien en faveur du mal; mais tout le monde n'est pas si clément.

qui donnant aux hommes deux législations, deux chefs, deux patries, les soumet à des devoirs contradictoires et les empêche de pouvoir être à la fois dévots et citoyens. Telle est la religion des lamas, telle est celle des Japonais, tel est le christianisme romain. On peut appeler celle-ci la religion du Prêtre. Il en résulte une sorte du droit mixte et insociable qui n'a point de nom.

A considérer politiquement ces trois sortes de religions, elles ont toutes leurs défauts. La troisième est si évidemment mauvaise que c'est perdre le temps de s'amuser à le démontrer. Tout ce qui rompt l'unité sociale ne vaut rien. Toutes les institutions qui mettent l'homme en contradiction avec lui-même ne valent rien.

La seconde est bonne en ce qu'elle réunit le culte divin et l'amour des lois, et que faisant de la patrie l'objet de l'adoration des citoyens, elle leur apprend que servir l'État c'est en servir le dieu tutélaire. C'est une espèce de théocratie, dans laquelle on ne doit point avoir d'autre pontife que le prince, ni d'autres prêtres que les magistrats. Alors mourir pour son pays c'est aller au martyre, violer les lois c'est être impie, et soumettre un coupable à l'exécration publique c'est le dévouer au courroux des dieux; *sacer estod.*

Mais elle est mauvaise en ce qu'étant fondée sur l'erreur et sur le mensonge elle trompe les hommes, les rend crédules, superstitieux, et noie le vrai culte de la divinité dans un vain cérémonial. Elle est mauvaise encore quand, devenant exclusive et tyrannique, elle rend un peuple sanguinaire et intolérant; en sorte qu'il ne respire que meurtre et massacre, et croit faire une action sainte en tuant quiconque n'admet pas ses dieux. Cela met un tel peuple dans un état naturel de guerre avec tous les autres, très nuisible à sa propre sûreté.

Reste donc la religion de l'homme ou le christianisme, non pas celui d'aujourd'hui, mais celui de l'Évangile, qui en est tout à fait différent. Par cette religion sainte, sublime, véritable, les hommes, enfants du même Dieu, se reconnaissent tous pour frères, et la société qui les unit ne se dissout pas même à la mort.

Mais cette religion n'ayant nulle relation particulière avec le corps politique laisse aux lois la seule
force qu'elles tirent d'elles-mêmes sans leur en ajouter
aucune autre, et par là un des grands liens de la société
particulière reste sans effet. Bien plus ; loin d'attacher
les cœurs des citoyens à l'État, elle les en détache
comme de toutes les choses de la terre : je ne connais
rien de plus contraire à l'esprit social.

On nous dit qu'un peuple de vrais chrétiens forme-
rait la plus parfaite société que l'on puisse imaginer.
Je ne vois à cette supposition qu'une grande difficulté ;
c'est qu'une société de vrais chrétiens ne serait plus
une société d'hommes.

Je dis même que cette société supposée ne serait
avec toute sa perfection ni la plus forte ni la plus
durable. A force d'être parfaite, elle manquerait de
liaison ; son vice destructeur serait dans sa perfection
même.

Chacun remplirait son devoir ; le peuple serait soumis
aux lois, les chefs seraient justes et modérés, les magistrats intègres, incorruptibles, les soldats mépriseraient
la mort, il n'y aurait ni vanité ni luxe ; tout cela est fort
bien, mais voyons plus loin.

Le christianisme est une religion toute spirituelle,
occupée uniquement des choses du Ciel : la patrie du
chrétien n'est pas de ce monde. Il fait son devoir, il est
vrai, mais il le fait avec une profonde indifférence sur
le bon ou mauvais succès de ses soins. Pourvu qu'il
n'ait rien à se reprocher, peu lui importe que tout aille
bien ou mal ici-bas. Si l'État est florissant, à peine
ose-t-il jouir de la félicité publique, il craint de s'enor-
gueillir de la gloire de son pays ; si l'État dépérit, il
bénit la main de Dieu qui s'appesantit sur son peuple.

Pour que la société fût paisible et que l'harmonie se
maintînt, il faudrait que tous les citoyens sans exception fussent également bons chrétiens. Mais si malheureusement il s'y trouve un seul ambitieux, un seul
hypocrite, un Catilina, par exemple, un Cromwell,
celui-là très certainement aura bon marché de ses pieux
compatriotes. La charité chrétienne ne permet pas
aisément de penser mal de son prochain. Dès qu'il

aura trouvé par quelque ruse l'art de leur en imposer et de s'emparer d'une partie de l'autorité publique, voilà un homme constitué en dignité; Dieu veut qu'on le respecte; bientôt voilà une puissance; Dieu veut qu'on lui obéisse; le dépositaire de cette puissance en abuse-t-il? c'est la verge dont Dieu punit ses enfants. On se ferait conscience de chasser l'usurpateur; il faudrait troubler le repos public, user de violence, verser du sang; tout cela s'accorde mal avec la douceur du chrétien; et après tout, qu'importe qu'on soit libre ou serf dans cette vallée de misères? l'essentiel est d'aller en paradis, et la résignation n'est qu'un moyen de plus pour cela.

Survient-il quelque guerre étrangère? Les citoyens marchent sans peine au combat; nul d'entre eux ne songe à fuir; ils font leur devoir, mais sans passion pour la victoire; ils savent plutôt mourir que vaincre. Qu'ils soient vainqueurs ou vaincus, qu'importe? La providence ne sait-elle pas mieux qu'eux ce qu'il leur faut? Qu'on imagine quel parti un ennemi fier, impétueux, passionné peut tirer de leur stoïcisme! Mettez vis-à-vis d'eux ces peuples généreux que dévorait l'ardent amour de la gloire et de la patrie, supposez votre république chrétienne vis-à-vis de Sparte ou de Rome; les pieux chrétiens seront battus, écrasés, détruits avant d'avoir eu le temps de se reconnaître, ou ne devront leur salut qu'au mépris que leur ennemi concevra pour eux. C'était un beau serment à mon gré que celui des soldats de Fabius; ils ne jurèrent pas de mourir ou de vaincre, ils jurèrent de revenir vainqueurs, et tinrent leur serment : Jamais des chrétiens n'en eussent fait un pareil; ils auraient cru tenter Dieu.

Mais je me trompe en disant une république chrétienne; chacun de ces deux mots exclut l'autre. Le christianisme ne prêche que servitude et dépendance. Son esprit est trop favorable à la tyrannie pour qu'elle n'en profite pas toujours. Les vrais chrétiens sont faits pour être esclaves; ils le savent et ne s'en émeuvent guère; cette courte vie a trop peu de prix à leurs yeux.

Les troupes chrétiennes sont excellentes, nous

dit-on. Je le nie. Qu'on m'en montre de telles? Quant
à moi, je ne connais point de troupes chrétiennes. On
me citera les croisades. Sans disputer sur la valeur des
Croisés, je remarquerai que bien loin d'être des
chrétiens, c'étaient des soldats du prêtre, c'étaient des
citoyens de l'Église; ils se battaient pour son pays
spirituel, qu'elle avait rendu temporel on ne sait
comment. A le bien prendre, ceci rentre sous le paganisme; comme l'Évangile n'établit point une religion
nationale, toute guerre sacrée est impossible parmi les
chrétiens.

Sous les empereurs païens les soldats chrétiens
étaient braves; tous les auteurs chrétiens l'assurent, et
je le crois : c'était une émulation d'honneur contre les
troupes païennes. Dès que les empereurs furent chrétiens cette émulation ne subsista plus, et quand la croix
eut chassé l'aigle, toute la valeur romaine disparut.

Mais laissant à part les considérations politiques,
revenons au droit, et fixons les principes sur ce point
important. Le droit que le pacte social donne au
souverain sur les sujets ne passe point, comme je l'ai
dit, les bornes de l'utilité publique*. Les sujets ne
doivent donc compte au souverain de leurs opinions
qu'autant que ces opinions importent à la communauté. Or il importe bien à l'État que chaque citoyen
ait une religion qui lui fasse aimer ses devoirs; mais
les dogmes de cette religion n'intéressent ni l'État ni
ses membres qu'autant que ces dogmes se rapportent
à la morale, et aux devoirs que celui qui la professe
est tenu de remplir envers autrui. Chacun peut avoir
au surplus telles opinions qu'il lui plaît, sans qu'il
appartienne au souverain d'en connaître. Car comme
il n'a point de compétence dans l'autre monde, quel

* *Dans la République*, dit le M[arquis] d'A[rgenson], *chacun est
parfaitement libre en ce qui ne nuit pas aux autres*. Voilà la borne
invariable; on ne peut la poser plus exactement. Je n'ai pu me
refuser au plaisir de citer quelquefois ce manuscrit quoique non
connu du public, pour rendre honneur à la mémoire d'un homme
illustre et respectable, qui avait conservé jusque dans le ministère
le cœur d'un vrai citoyen, et des vues droites et saines sur le
gouvernement de son pays.

que soit le sort des sujets dans la vie à venir ce n'est pas son affaire, pourvu qu'ils soient bons citoyens dans celle-ci.

Il y a donc une profession de foi purement civile dont il appartient au souverain de fixer les articles, non pas précisément comme dogmes de religion, mais comme sentiments de sociabilité, sans lesquels il est impossible d'être bon citoyen ni sujet fidèle*. Sans pouvoir obliger personne à les croire, il peut bannir de l'État quiconque ne les croit pas ; il peut le bannir, non comme impie, mais comme insociable, comme incapable d'aimer sincèrement les lois, la justice, et d'immoler au besoin sa vie à son devoir. Que si quelqu'un, après avoir reconnu publiquement ces mêmes dogmes, se conduit comme ne les croyant pas, qu'il soit puni de mort ; il a commis le plus grand des crimes, il a menti devant les lois.

Les dogmes de la religion civile doivent être simples, en petit nombre, énoncés avec précision sans explications ni commentaires. L'existence de la divinité puissante, intelligente, bienfaisante, prévoyante et pourvoyante, la vie à venir, le bonheur des justes, le châtiment des méchants, la sainteté du contrat social et des lois, voilà les dogmes positifs. Quant aux dogmes négatifs, je les borne à un seul ; c'est l'intolérance : elle rentre dans les cultes que nous avons exclus.

Ceux qui distinguent l'intolérance civile et l'intolérance théologique se trompent, à mon avis. Ces deux intolérances sont inséparables. Il est impossible de vivre en paix avec des gens qu'on croit damnés ; les aimer serait haïr Dieu qui les punit ; il faut absolument qu'on les ramène ou qu'on les tourmente. Partout où l'intolérance théologique est admise, il est impossible

---

* César plaidant pour Catilina tâchait d'établir le dogme de la mortalité de l'âme ; Caton et Cicéron pour le réfuter ne s'amusèrent point à philosopher : ils se contentèrent de montrer que César parlait en mauvais citoyen et avançait une doctrine pernicieuse à l'État. En effet voilà de quoi devait juger le Sénat de Rome, et non d'une question de théologie.

qu'elle n'ait pas quelque effet civil*; et sitôt qu'elle en a, le souverain n'est plus souverain, même au temporel : dès lors les prêtres sont les vrais maîtres; les rois ne sont que leurs officiers.

Maintenant qu'il n'y a plus et qu'il ne peut plus y avoir de religion nationale exclusive, on doit tolérer toutes celles qui tolèrent les autres, autant que leurs dogmes n'ont rien de contraire aux devoirs du citoyen. Mais quiconque ose dire : *Hors de l'Église point de salut*, doit être chassé de l'État; à moins que l'État ne soit l'Église, et que le prince ne soit le pontife. Un tel dogme n'est bon que dans un gouvernement théocratique, dans tout autre il est pernicieux. La raison sur laquelle on dit qu'Henri IV embrassa la religion romaine la devrait faire quitter à tout honnête homme, et surtout à tout prince qui saurait raisonner.

---

* Le mariage, par exemple, étant un contrat civil, a des effets civils sans lesquels il est même impossible que la société subsiste. Supposons donc qu'un clergé vienne à bout de s'attribuer à lui seul le droit de passer cet acte; droit qu'il doit nécessairement usurper dans toute religion intolérante. Alors n'est-il pas clair qu'en faisant valoir à propos l'autorité de l'Église il rendra vaine celle du prince qui n'aura plus de sujets que ceux que le clergé voudra bien lui donner. Maître de marier ou de ne pas marier les gens selon qu'ils auront ou n'auront pas telle ou telle doctrine, selon qu'ils admettront ou rejetteront tel ou tel formulaire, selon qu'ils lui seront plus ou moins dévoués, en se conduisant prudemment et tenant ferme, n'est-il pas clair qu'il disposera seul des héritages, des charges, des citoyens, de l'État même, qui ne saurait subsister n'étant plus composé que des bâtards? Mais, dira-t-on, l'on appellera comme d'abus, on ajournera, décrétera, saisira le temporel. Quelle pitié! Le clergé, pour peu qu'il ait, je ne dis pas de courage, mais de bon sens, laissera faire et ira son train; il laissera tranquillement appeler, ajourner, décréter, saisir, et finira par être le maître. Ce n'est pas, ce me semble, un grand sacrifice d'abandonner une partie quand on est sûr de s'emparer du tout [1].

1. Cette note ne figure que dans quelques exemplaires de l'édition originale. Rousseau en avait demandé la suppression à son éditeur alors que le tirage de son ouvrage était déjà commencé. Elle reparut dans l'édition de 1782. (Note des éditeurs).

CHAPITRE IX

CONCLUSION

Après avoir posé les vrais principes du droit politique et tâché de fonder l'État sur sa base, il resterait à l'appuyer par ses relations externes; ce qui comprendrait le droit des gens, le commerce, le droit de la guerre et les conquêtes, le droit public, les ligues, les négociations, les traités, etc. Mais tout cela forme un nouvel objet trop vaste pour ma courte vue; j'aurais dû la fixer toujours plus près de moi.

FIN

TABLE DES MATIÈRES

DU CONTRAT SOCIAL

LIVRE I

LIVRE II

LIVRE III

LIVRE IV

COLLECTION G-F BROCHÉE

ANTHOLOGIES POÉTIQUES FRANÇAISES MOYEN AGE, 1 (153) - 2 (154) - XVIᵉ SIÈCLE, 1 (45) - 2 (62) - XVIIᵉ SIÈCLE, 1 (74) - 2 (84) - XVIIIᵉ SIÈCLE (101)

DICTIONNAIRES anglais-français, français-anglais (1) - Dictionnaire espagnol-français, français-espagnol (2) - Dictionnaire italien-français, français-italien (9) - Dictionnaire allemand-français, français-allemand (10) - Dictionnaire latin-français (124) - Dictionnaire français-latin (124) - Dictionnaire orthographique (276)

AMADO (Jorge) Mar Morto (388)
ANDERSEN Contes (230)
ARIOSTE Roland furieux. Textes choisis et présentés par Italo CALVINO (380)
ARISTOPHANE Théâtre complet 1 (115) - 2 (116)
ARISTOTE Éthique à Nicomaque (43)
AUBIGNÉ Les Tragiques (190)
★★★ Aucassin et Nicolette (texte original et traduction) (261)
BALZAC Eugénie Grandet (3) - Le Médecin de campagne (40) - Une fille d'Ève (48) - La Femme de trente ans (69) - Le Contrat de mariage (98) - Illusions perdues (107) - Le Père Goriot (112) - Le Curé de village (135) - Pierrette (145) - Le Curé de Tours - La Grenadière - L'Illustre Gaudissart (165) - Splendeurs et Misères des courtisanes (175) - Physiologie du mariage (187) - Les Paysans (224) - La Peau de chagrin (242) - Le Lys dans la vallée (254) - La Cousine Bette (287) - Mémoires de deux Jeunes Mariées (313) - Béatrix (327) - Le Chef-d'œuvre inconnu - Gambara - Massimilla Doni (365) - Annette et le criminel (85)
BARBEY D'AUREVILLY Le Chevalier des Touches (63) - L'Ensorcelée (121) - Les Diaboliques (149)
BAUDELAIRE Les Fleurs du Mal et autres poèmes (7) - Les Paradis artificiels (89) - Petits Poèmes en prose (Le Spleen de Paris) (136) - L'Art romantique (172)
BEAUMARCHAIS Théâtre (76)
BECKFORD Vathek (375)
BERLIOZ Mémoires, 1 (199) - 2 (200)
BERNARD Introduction à l'étude de la médecine expérimentale (85)
BERNARDIN DE SAINT-PIERRE Paul et Virginie (87)
BOILEAU Œuvres, 1 (205) - 2 (206)
BOSSUET Discours sur l'histoire universelle (110) - Sermon sur la mort et autres sermons (231)
BUSSY-RABUTIN Histoire amoureuse des Gaules (130)
CALVINO voir ARIOSTE
CARROLL (Lewis) Tout Alice (312)
CASANOVA Mémoires (290)
CAZOTTE Le Diable amoureux (361)
CERVANTÈS L'Ingénieux Hidalgo Don Quichotte de la Manche, 1 (196) - 2 (197)
CÉSAR La Guerre des Gaules (12)

CHAMFORT Produits de la civilisation perfectionnée - Maximes et pensées - Caractères et anecdotes (188)
CHATEAUBRIAND Atala-René (25) - Génie du christianisme, 1 (104) - 2 (105) - Itinéraire de Paris à Jérusalem (184) - Vie de Rancé (195)
CICÉRON De la république - Des lois (38) - De la vieillesse - De l'amitié - Des devoirs (156)
★★★ Code civil (Le) (318)
COLETTE La Naissance du jour (202) - Le Blé en herbe (218) - La Fin de Chéri (390)
COMTE Catéchisme positiviste (100)
CONSTANT Adolphe (80)
★★★ Constitutions de la France depuis 1789 (Les) (228)
★★★ Coran (Le) (237)
CORNEILLE Théâtre complet, 1 (179) - 2 (342)
COURTELINE Théâtre (65) - Messieurs les Ronds-de-cuir (106) - Les Gaîtés de l'escadron (247)
CROS Le Coffret de Santal - Le Collier de griffes (329)
CYRANO DE BERGERAC Voyage dans la Lune (L'Autre Monde ou les États et Empire de la Lune), suivi de Lettres diverses (232)
DAUDET Aventures prodigieuses de Tartarin de Tarascon (178) - Lettres de mon moulin (260)
DESCARTES Discours de la méthode, suivi d'extraits de la Dioptrique, des Météores, du Monde, de l'Homme, de Lettres et de la Vie de Descartes par Baillet (109) - Méditations métaphysiques (328)
DICKENS David Copperfield 1 (310) - 2 (311)
DIDEROT Entretien entre d'Alembert et Diderot - Le Rêve de d'Alembert - Suite de l'Entretien (53) - Le Neveu de Rameau (143) - Entretiens sur le fils naturel - Paradoxe sur le comédien (164) - La Religieuse, suivie des extraits de la Correspondance littéraire de Grimm (177) - Les Bijoux indiscrets (192) - Jacques le Fataliste (234) - Supplément au voyage de Bougainville - Pensées philosophiques - Lettres sur les aveugles (252) - Contes et entretiens (294)
DIOGÈNE LAËRCE Vie, Doctrines et Sentences des philosophes illustres, 1 : Livres 1 à 5 (56) - Vie, Doctrines et Sentences des philosophes illustres, 2 : Livres 6 à 10 (77)
DOSTOÏEVSKI Crime et Châtiment, 1 (78) - 2 (79) - Récits de la maison des morts (337)
DU BELLAY Les Antiquités de Rome - Les Regrets (245)
DUMAS Les Trois Mousquetaires (144) - Vingt ans après, 1 (161) - 2 (162)
DUMAS Fils La Dame aux camélias (381)
ÉPICTÈTE Voir MARC-AURÈLE (16)
ÉRASME Éloge de la folie, suivi de la Lettre d'Érasme à Dorpius (36)
ESCHYLE Théâtre complet (8)

EURIPIDE Théâtre complet, 1 (4... (93) - 3 (99) - 4 (122)
FÉNELON Les Aventures de Télém... (168)
FLAUBERT Salammbô (22) - Trois c... (42) - Madame Bovary, suivie des... du procès (86) - Bouvard et Péc... suivi du Dictionnaire des idées r... (103) - La Tentation de saint A... (131) - L'Éducation sentimentale (... L'Éducation sentimentale (Premiè... sion). Passion et vertu (339)
FROMENTIN Dominique (141)
GAUTIER Mademoiselle de M... (102) - Le Roman de la momie... - Le Capitaine Fracasse (147) - V... en Espagne (367) - Récits fantas... (383)
GOBINEAU La Renaissance (349)
GŒTHE Faust (24). - Les Souffran... jeune Werther (169)
GOGOL Récits de Pétersbourg (18...
GOLDONI Théâtre (322)
HAWTHORNE La Lettre écarlate...
HOBBES De Cive (385)
HOFFMANN Contes fantastiques ... - 2 (358) - 3 (378)
HÖLDERLIN Hymnes - Élégies (35...
HOMÈRE L'Iliade (60) - L'Odyssé...
HORACE Œuvres : Odes - Chant... laire - Épodes - Satires - Épître... poétique (159)
HUGO Quatrevingt-Treize (... Chansons des rues et des bois (113... Misérables, 1 (125) - 2 (126) - 3 ... Notre-Dame de Paris (134) - La Lé... des siècles, 1 (157) - 2 (158) - O... Ballades - Les Orientales (176) - ... well (185) - Les Feuilles d'automn... Chants du crépuscule (235) - Châti... (301) - Théâtre (319) - (324) - Le... vailleurs de la mer (341) - L'Homr... rit, 1 (359) - 2 (384)
HUYSMANS À rebours (298) - ... (302)
KANT Critique de la raison pure ...
LABICHE Théâtre 1 (314) - 2 (33...
LA BRUYÈRE Les Caractères pré... des Caractères de THÉOPHRASTE,... du Discours de réception à l'Aca... (72)
LACLOS Les Liaisons dangereuse...
LA FAYETTE La Princesse de Clèv...
LA FONTAINE Fables (95) - Cor... Nouvelles en vers (338)
LAMARTINE Jocelyn (138)
LA ROCHEFOUCAULD Maximes ... flexions diverses (288)
LAUTRÉAMONT Œuvres comp... Les Chants de Maldoror - Poés... Lettres (208)
LEIBNIZ Nouveaux Essais sur l'... dement humain (92) - Essais de T... cée sur la bonté de Dieu, la libe... l'homme et l'origine du mal (209)
LESAGE Histoire de Gil Blas de ... lane (286)
★★★ Lettres édifiantes et cu... de Chine (315).

GF — TEXTE INTÉGRAL — GF

11505 — 1984 — IMPRIMERIE TARDY QUERCY S.A. - Bourges
N° d'édition 10100 - 2ᵉ trimestre 1966 - PRINTED IN FRANCE